À: *MOI* De: *MOI!*

101 cadeaux
à se faire avec amour
pour développer
l'estime de soi

Par l'auteure du bestseller
Apprendre à s'aimer,
un jour à la fois

Diane Gagnon

COPYRIGHT

À moi de moi !
101 cadeaux à se faire avec amour pour développer l'estime de soi

À mes fils, Olivier et Samuel
Avec tout mon amour.

À MOI DE MOI !

101 cadeaux à se faire avec amour pour développer l'estime de soi

Guide pratique

Introduction

En mars 2015, je publiais enfin mon premier livre « *Apprendre à s'aimer un jour à la fois* », un recueil de quelques-uns des textes que je publie quotidiennement sur Facebook depuis 2011 et portant sur l'estime de soi.

Je caressais le rêve d'écrire un livre depuis l'âge de 6 ans. Juste le fait de le tenir dans mes mains lorsque mon imprimeur m'a livré mes premiers exemplaires le 10 mars 2015 était déjà pour moi la concrétisation pleine et entière et hautement satisfaisante de mon rêve de petite fille.

Mais je n'avais aucune idée de ce que serait la vie de ce livre, ni à quel point il transformerait la mienne ! Après m'être autoéditée, c'est-à-dire après avoir fait imprimer à mes frais les premiers exemplaires de mon livre, quelle ne fût pas ma surprise de voir tous ces exemplaires se vendre en peu de temps. Quelques semaines plus tard, je signais un contrat d'édition avec les Éditions Smartcat pour la mise en ligne de mon livre sur les plateformes comme Amazon, iTunes, Kobo, Create Space, Ingram, GooglePlay. En moins de 36 heures, « *Apprendre à s'aimer, un jour à la fois* » est devenu le *bestseller* N° 1 sur Amazon.ca dans tous les livres francophones au Canada. Et depuis, il continue de dépasser toutes mes attentes partout sur la planète !

Non seulement j'étais renversée, mais j'ai commencé à croire que ce livre avait quelque chose de magique. Des gens de partout dans le monde commandaient mon livre.

J'en ai expédié dans des pays dont j'ignorais même l'existence ! Lors de mes conférences et lors des salons du livre ou des salons littéraires, je m'amusais à dire aux gens : « Posez une question dans votre tête et ouvrez mon livre à une page (au hasard). Votre réponse devrait s'y trouver ». Puis, je prenais des photos des gens avec leur expression de surprise et d'émerveillement ! Ça fonctionnait à tout coup ! Une lectrice m'écrivait d'ailleurs récemment :

« Bonjour Diane, on ne se connaît pas personnellement, mais je tenais à te partager une situation qui m'arrive à chaque cours que je donne chaque semaine. J'ai eu l'idée de prendre ton livre, que j'ai adoré en passant, et de faire choisir au hasard une page à chacun de mes élèves. À chaque fois, la personne n'est pas capable de lire le texte au complet tellement l'émotion est forte puisque cela la rejoint complètement. C'est moi qui dois continuer la lecture. Mes élèves sont impressionnés par rapport aux textes et à leur véracité. Merci pour ce beau cadeau et au plaisir un jour de se rencontrer ! » N.J.

J'ai reçu des milliers de commentaires semblables par courriels ou par messages privés depuis la parution de ce livre. Les lecteurs me racontent leurs histoires personnelles avec beaucoup d'émotions. Et je les ai toutes lues avec beaucoup d'émotions aussi ! J'ai pu confirmer dans la dernière année que l'estime de soi, c'est la pierre angulaire de tout ! De notre bonheur, de notre aptitude à aimer les autres et à accepter d'être aimé, de la Vie. Si chacun de nous avait un peu plus d'estime de soi, le monde serait transformé pour le mieux à jamais.

Parmi les commentaires reçus, beaucoup de gens me demandaient : « Diane, comment faire concrètement pour apprendre à m'aimer ? Où et par quoi je commence ? »

Sensible à ce cri du cœur maintes fois entendu, je me suis promenée partout dans la francophonie pour donner des trucs concrets pour développer l'estime de soi, un jour à la fois, une action à la fois.

Après 29 années de pratique comme coach, il m'est devenu évident que je devais écrire ce deuxième livre comme un guide pratique avec des outils concrets pour vous aider à développer votre estime de soi. Mais plutôt que d'appeler ces trucs des « outils » ou « des exercices », ce qui nous semble souvent rébarbatif, car nous risquons de les considérer comme des « tâches » de plus à faire, je vous propose de les appeler des CADEAUX !

Des cadeaux à vous faire pour mieux vous aimer. Des cadeaux différents à déballer chaque jour pour VOUS faire plaisir. Des cadeaux qui vous rapporteront gros si vous les déballez jusqu'au bout. **Des cadeaux de mon cœur au vôtre**. Parce que dans notre quête pour apprendre à mieux nous aimer, nous sommes tous unis. Et parce que lorsque nous nous aimerons davantage, chacun d'entre nous, nous aimerons davantage les autres. Davantage et mieux. Sans attente. Sans jugement. Juste dans l'amour de soi et de l'autre. N'est-ce pas la plus belle chose qui pourrait nous arriver ?

Ce livre ne fera pas le travail à votre place ! L'estime de soi, ça se construit dans l'action. Par **votre action** pour vous-même, un jour à la fois.

L'estime de soi, ça commence maintenant !

Voici, avec tout mon amour, vos 101 cadeaux à déballer !

Diane xx

OUTIL D'ÉVALUATION DE VOTRE ESTIME DE SOI

Faites une ou des copies du test des pages suivantes pour votre usage personnel.

Remplissez ce questionnaire avant de commencer à déballer vos cadeaux dans ce livre. Après avoir déballé tous vos cadeaux et fait les exercices proposés, réévaluez votre niveau d'estime de soi avec ce même test. Par la suite, mesurez vos progrès en refaisant ce test une ou deux fois par année. Indiquez les dates auxquelles vous y répondez. Vous verrez ainsi plus facilement les progrès que vous faites. Cela vous motivera davantage à identifier les éléments qui vous restent à travailler. Célébrez-vous chaque fois que votre note globale augmente : vous êtes sur le bon chemin !

Pour chacun des énoncés, indiquez dans la case de droite, le chiffre correspondant à votre réponse :

1 = Jamais, ou très inconfortable
2 = Rarement ou inconfortable
3 = Parfois ou ça dépend des situations
4 = Souvent ou plutôt confortable
5 = Toujours ou très à l'aise

Nº	Affirmation	Votre note
1.	Je suis capable de dire non	
2.	Je suis capable de mettre mes limites	
3.	J'aime prendre du temps juste pour moi sans me sentir coupable	
4.	J'aime essayer de nouvelles choses	
5.	J'ai confiance en moi	
6.	Je sais que je suis une personne de valeur	
7.	J'ai plusieurs belles qualités	
8.	Je suis souvent fier de moi	
9.	J'ai une attitude positive vis-à-vis moi-même	
10.	Je suis capable de me débrouiller seul dans la plupart des cas	
11.	Les autres me respectent	
12.	Je me respecte	
13.	Je respecte mes limites	
14.	J'accepte et j'aime mon corps	
15.	Je suis fier de ce que j'ai accompli	
16.	Je suis capable de me regarder dans le miroir et de me dire que je m'aime	
17.	Je suis à l'aise de prendre des décisions par moi-même	
18.	Je me sens apprécié par les autres autant que je le souhaite	
19.	Je sais ce que je vaux et je suis capable de défendre ma valeur	
20.	Je suis capable de relever des défis	
21.	Je me relève assez facilement si je rencontre des difficultés	
22.	Je vis surtout dans le moment présent	
23.	Ma vie sentimentale actuelle me satisfait	
24.	Ma vie professionnelle actuelle me satisfait	
25.	Je fais confiance à la Vie	
26.	J'accepte de ne pas être parfait	
27.	Je suis capable de rire de mes petits travers	

Nᵒ	Affirmation	Votre note
28.	Je suis à l'aise avec le fait d'avoir tort parfois	
29.	Je fais confiance aux autres	
30.	Je suis à l'aise dans la majorité des situations courantes	
31.	Je suis à l'aise avec le fait que certaines personnes ne m'aiment pas autant que d'autres	
32.	J'accepte de me tromper	
33.	Je reconnais mes erreurs sans me sentir trop coupable	
34.	Je fais face à la réalité, aux difficultés, aux problèmes	
35.	Je trouve du temps pour faire ce que j'aime	
36.	Je suis capable de pardonner aux autres	
37.	Je suis capable de me pardonner	
38.	J'assume facilement mes choix	
39.	Je vois les erreurs et les échecs comme des expériences	
40.	J'accueille la critique de manière positive	
41.	De manière générale, je suis plutôt satisfait de ma vie	
42.	Je me fais confiance la majorité du temps	
43.	J'accueille les différences des autres avec ouverture la plupart du temps	
44.	Je suis à l'aise avec le fait d'être en colère lorsque nécessaire	
45.	Je suis capable d'énumérer au moins 20 de mes qualités	
46.	J'assume ce que j'ai à faire et à régler	
47.	Je fais face aux conflits avec maturité	
48.	Je cherche souvent des solutions plutôt que de blâmer les autres	
49.	Je suis à l'écoute de mon cœur et de mon intuition	
50.	Je trouve que j'ai une belle vie	
	Additionnez vos réponses	
	Multipliez par 2 et divisez par 5	X 2 /5
	Pourcentage actuel de votre estime de soi	
	Résultat de votre évaluation précédente en date du :	
	Nombres de points de variation par rapport à l'évaluation précédente (indiquez + ou -)	

Date : _____

CADEAU N° 1

Éliminez les relations toxiques de votre environnement !

Tous les trucs que vous trouverez dans ce livre sont excellents pour développer l'estime de soi. Mais AUCUN ne fonctionnera si vous gardez dans votre entourage immédiat des relations toxiques !

C'est pourquoi la première chose à faire quand on veut bâtir ou rebâtir notre estime de soi, c'est de s'éloigner le plus loin possible des personnes toxiques présentes dans notre vie. Peu importe que ce soit votre mère, votre enfant, votre partenaire de vie, si une personne de votre environnement vous détruit à petit feu, ne restez pas près d'elle pour l'instant. **Se faire rabaisser continuellement ou subtilement est le pire obstacle à votre estime de soi !**

Lorsque nous sommes à la diète, nous coupons drastiquement les sucres et les gras. Lorsque nous avons atteint notre poids santé, nous pouvons réintroduire petit à petit les sucres et les gras, mais en petites quantités.

De même, pour ce qui est des relations toxiques dans votre environnement, si vous ne pouvez rompre le lien définitivement, ce qui serait l'idéal, au moins éloignez-les de votre environnement pour un certain temps, ou espacez au maximum les rencontres, de manière à pouvoir atteindre votre niveau « santé » d'estime de soi qui vous permettra d'être plus fort.

Lorsque votre estime de soi sera plus solide, vous pourrez recommencer à les voir, mais à petites doses !

Et ne vous laissez plus jamais réduire, ridiculiser, intoxiquer ni rabaisser par ces personnes ! Ni par qui que ce soit d'ailleurs !

C'est difficile ? Oui je sais ! Mais ce n'est pas impossible : c'est ESSENTIEL ! Développer son estime de soi demande des efforts, et celui-ci est sans doute le plus exigeant pour bien des gens !

Dites-vous qu'une fois que ce premier pas aura été franchi, vous aurez déjà mis toutes les chances de votre côté pour apprendre à vous aimer. C'est déjà une grande preuve d'amour envers soi que de s'éloigner, définitivement ou temporairement, des personnes toxiques de notre vie !

CADEAU N° 2

Arrêtez de vous juger !

De la même manière que votre premier cadeau pour vous-même est d'éloigner les personnes toxiques de votre environnement, ne soyez pas l'une d'entre elles pour vous-même !

Observez vos discours intérieurs : que vous dites-vous lorsque vous constatez que vous avez fait une erreur ? Lorsque vous égarez vos clés pour la 10e fois cette semaine ? Lorsque vous ratez votre sortie sur l'autoroute ? Est-ce que vos discours intérieurs vous jugent et vous traitent de tous les noms ou sont-ils empreints de compassion et d'humour pour vous ?

Arrêtez de vous taper sur la tête, de vous faire des reproches ; de vous juger négativement ! Si vous continuez d'être dur pour vous, vous risquez de détruire tous vos efforts pour hausser votre niveau d'estime de soi.

Soyez à l'affût de ce que vous vous dites dans votre for intérieur. Observez-vous pendant quelques jours. Êtes-vous bon pour vous-même ou êtes-vous un bourreau impitoyable ?

Chaque fois que vous vous surprendrez à vous juger, remplacez immédiatement la critique par au moins 3 compliments. Et si possible à voix haute, pour que vous l'entendiez. Cela aura ainsi un plus grand impact positif.

Ainsi, si vous vous traitez d'imbécile parce que vous venez de louper la sortie sur l'autoroute, dites immédiatement : « Non ! Je suis intelligent/e, débrouillard/e, aimable, drôle, généreux/se... », etc.

Faites-vous le cadeau d'effacer votre remarque négative par au moins 3 compliments positifs et véridiques.

En pratiquant régulièrement cette technique, vous arriverez à ne plus vous traiter avec mépris et à découvrir et apprécier vos qualités. Il faut habituer votre mental à entendre du positif sur votre compte pour qu'il y prenne goût et qu'il ne tolère plus le négatif désormais.

Cela demande beaucoup de vigilance, certes, mais avec la pratique, vous y arriverez !

CADEAU Nº 3

Faites la liste des choses qui vous rendent heureux

Lorsque notre estime de soi est faible, c'est souvent parce que nous avons oublié de prendre soin de nous et ce, depuis des années. Il est probable que vous preniez soin des autres, que vous aidiez, supportiez, encouragiez les autres à un point tel qu'il vous manque du temps pour vous occuper de vous. Peut-être même avez-vous fait de cette belle qualité du don de soi une profession et que toute votre vie soit consacrée aux autres, conjoint/e, enfants, parents, amis/es, collègues et que vous vous soyez oublié en cours de route. Ça vous dit quelque chose ?

Si c'est le cas, il est aussi probable que vous ne vous rappeliez plus tout ce que vous aimez faire, ces choses qui font du bien et qui vous rendent heureux. À force de vous oublier pour les autres, vous avez peut-être oublié ce que VOUS aimez.

Ce cadeau, bien que très simple, est très efficace pour réapprendre à prendre soin de soi, à se remettre au centre de sa vie, à se donner à nouveau un peu de temps pour soi.

Faites une liste, la plus longue possible mais d'au moins 30 éléments, de toutes les choses qui vous font du bien, qui vous rendent heureux/heureuse, qui coûtent peu cher et qui sont accessibles assez facilement pour pouvoir les faire presque chaque jour. Évidemment, un voyage dans le Sud peut sans doute vous faire du bien, mais il n'est pas accessible chaque jour !

Voici quelques exemples de choses que vous pourriez peut-être sur votre feuille :

- Prendre un café avec une amie
- Prendre un bain
- Écouter de la musique tranquille
- Lire un bon livre
- Aller prendre une marche
- Regarder le coucher de soleil

- Vous lever tôt le matin pour avoir votre moment de silence dans la maison
- Méditer
- Etc.

Une fois que vous aurez écrit au moins 30 de ces choses, découpez-les, une par une, et mettez-les dans une belle petite boîte, ou une enveloppe. Chaque matin, tirez au sort un de ces petits bouts de papier en vous disant : « Quel est le cadeau pour moi aujourd'hui ? » Mettez-y du plaisir, voyez-le comme un jeu !

Maintenant, le plus important : ENGAGEZ-VOUS envers vous-même, à faire l'une de ces choses chaque jour, sans exception, pour au moins 3 mois. Si vous pigez une activité qui ne vous convient pas une journée, pigez-en immédiatement une autre, de sorte que vous apprendrez à vous faire plaisir au moins une fois par jour, sans exception ! Si vous l'oubliez une journée, pigez-la le soir ou faites-en deux le lendemain ! N'hésitez pas à ajouter des choses si vous découvrez d'autres activités que vous aimez faire en cours de route ! Plus votre boîte sera remplie, plus vous aurez d'options pour prendre soin de vous tous les jours ! Vous verrez, vous y prendrez tellement goût que vous voudrez en faire plus qu'une par jour !

CADEAU N° 4

Apprenez à dire non !

Il semble que le mot « non » soit l'un des plus difficiles de la langue française à prononcer !

Plus notre estime de soi est faible et plus nous avons de la difficulté à dire non, à nous affirmer, à nous choisir au lieu de toujours vouloir faire plaisir aux autres. Et pourtant, c'est souvent dans ce non qu'il y a un retentissant OUI à soi-même ! Chaque fois que vous dites oui aux autres, êtes-vous en train de vous dire non ? De négliger vos besoins ? De vous renier pour être aimé ?

Apprendre à dire non est une tâche qui semble difficile, presque insurmontable... jusqu'à notre premier non ! Une fois que nous avons osé dire le premier Non à une demande qui ne nous convient pas, nous nous rendons compte que le monde n'arrête pas de tourner pour autant, et que les autres ne cessent pas de nous aimer à cause de notre refus, sauf si la personne nous utilisait uniquement pour les avantages qu'elle en retirait. Dans ce cas, il se peut qu'elle soit frustrée et tente de vous culpabiliser, de vous manipuler pour que vous disiez oui, comme d'habitude. Résistez !

Dites non lorsque la demande qui vous est faite ne vous convient pas, si vous êtes fatigué, si vous avez besoin de temps pour vous ou pour faire autre chose. Ne laissez pas les autres décider de votre agenda et de votre vie ! Faites des choix, le plus important étant de vous choisir en premier. Surtout, apprenez à dire non SANS VOUS JUSTIFIER ! Chaque fois que vous vous justifiez, vous donnez des munitions à l'autre pour tenter de vous faire changer d'idée. NON est une phrase complète en soi !

Collez des petits Post-it un peu partout, surtout près de votre téléphone, où vous aurez inscrit le mot NON en grosses lettres. Rappelez-vous constamment que vous avez le droit de dire non en tout temps. Au début, si vous trouvez cela trop difficile, développez le réflexe de dire : « Sais-tu, je vais y penser et je te reviendrai là-dessus ». Ceci a l'avantage d'éliminer les oui automatiques, ceux qu'on donne sans réfléchir et qu'on regrette par la suite. Cela vous donne aussi du temps pour bien soupeser la demande et voir si cela vous tente vraiment de dire oui ou si vous vous sentez obligés ou avez tout simplement peur de dire non.

Si après réflexion vous dites quand même oui mais que cela ne vous tente pas, au moins vous deviendrez peu à peu conscient que vous êtes en train de dire oui à l'autre et non à vous. Au bout de quelques fois, vous aurez envie de vous dire oui à vous et non à l'autre.

Pratiquez-vous auprès de personnes plus éloignées de votre cercle rapproché : au restaurant, à la banque, au téléphone, en boutique... Apprenez à dire non un jour à la fois. Mieux encore, dites au moins un non par jour à quelqu'un pour vous pratiquer à devenir à l'aise de le faire dans n'importe quelle situation.

Je vous assure qu'à partir du moment où vous aurez réussi à dire quelques non en quelques jours, vous trouverez de plus en plus facile de prononcer ces trois lettres dans votre vie. Et quand vous direz oui aux autres, ce sera alors un véritable oui qui ne vous renie pas !

CADEAU N° 5

Trouvez une photo de vous à 5 ans

Ce cadeau est sans doute le plus puissant de tout ce livre ! Ne sous-estimez pas sa portée, car il vous fera faire d'énormes prises de conscience ! Je fais faire cet exercice régulièrement en coaching et en conférence et chaque fois, les résultats sont puissants.

Trouvez une photo de vous à 5 ans environ, au moins avant que vous n'ayez commencé à fréquenter l'école et que l'école n'ait commencé à vous façonner autrement. Si vous n'en trouvez pas, tentez de trouver la plus ancienne photo de vous que vous ayez, ou demandez aux membres de votre famille s'ils en ont.

Le but est de retrouver une image de votre vrai moi, de votre enfant intérieur, de celui que vous portez en vous même si l'aspect extérieur, votre corps, a changé. Nous portons tous cet enfant en nous, la petite Diane, le petit François, etc. C'est ce que nous sommes profondément, authentiquement. Il est possible qu'à la vue de votre photo, une vague d'émotions vous submerge : c'est correct. Laissez-les s'exprimer. S'il y a trop d'émotions, je vous suggère de vous faire accompagner par une ressource professionnelle pour traverser ce beau passage vers l'amour de vous-même.

Une fois que vous aurez trouvé cette photo, posez-la bien en évidence dans un endroit à vous, où vous vous retrouvez souvent : votre bureau, votre table de chevet, votre salle de bains, votre frigo... Observez attentivement cet enfant : quels souvenirs vous remontent en mémoire ? Qui étiez-vous à ce moment-là ? Quels qualificatifs utiliseriez-vous pour décrire cet enfant que vous étiez ? De quoi rêviez-vous à cet âge ?

Qu'aimeriez-vous dire à cet enfant pour le rassurer sur ce qui s'en vient pour lui ? Qu'aimerait-il vous dire lui, que vous avez oublié, ou que vous refusez d'entendre ? Demandez-lui ce dont il a besoin MAINTENANT et laissez monter la première réponse qui vous vient à l'esprit : c'est votre priorité en ce moment !

Nous oublions trop souvent cet enfant en nous. Pire, nous le négligeons, nous l'abandonnons, nous l'avons laissé tomber. Imaginez-vous prendre cet enfant dans vos bras et le bercer doucement : que lui diriez-vous à l'oreille ?

Promettez-lui notamment de ne plus jamais l'abandonner. Vous pouvez aussi lui demander pardon de l'avoir laissé tomber tout ce temps et vous engager à ne plus jamais le faire. Imaginez-vous le prendre par la main et lui promettre de lui parler dorénavant tous les soirs avant de vous endormir. Chaque fois, demandez-lui ce dont il aurait envie, ce dont il a besoin, ce qu'il aimerait. Et surtout, écoutez-le !

Notre enfant intérieur, c'est notre sagesse intérieure, c'est notre âme qui nous parle. Et c'est notre meilleur guide.

CADEAU N° 6

Apprenez à mieux vous connaître

Toute démarche vers l'estime de soi devrait aussi être accompagnée d'une démarche sérieuse pour apprendre à mieux vous connaître.

Si vous vous êtes oublié pour les autres pendant des années, il est possible que vous ne vous rappeliez plus ce que vous aimez, ce que vous n'aimez pas, vos rêves, vos autres qualités, les points sur lesquels vous pourriez travailler pour devenir une meilleure version de vous-même.

Vous pouvez faire cette démarche avec l'aide d'une ressource professionnelle (psychologue, coach, thérapeute) : il existe d'excellents tests psychométriques demandant peu de temps et peu d'investissement qui pourront vous éclairer davantage et vous donner les meilleures pistes à suivre pour mieux vous connaître.

Mais vous pouvez aussi entreprendre seul cette démarche. Si vous avez déballé le Cadeau n° 4, il est fort possible que vous ayez déjà recommencé à prendre soin de vous et à questionner l'enfant en vous sur ce qu'il aimerait faire.

De nombreux livres peuvent également vous aider à mieux vous comprendre, mieux vous aimer. Les librairies regorgent d'excellents bouquins qui vous feront faire des pas de géant, si vous avez l'humilité et le courage de voir ce qui vous appartient et ce qui vous ressemble.

L'écriture est aussi un excellent truc pour apprendre à mieux vous connaître. Écrivez vos émotions, votre journal quotidien, votre cahier de gratitude, ce que vous vivez, vos réflexions.

Vous pouvez même écrire votre biographie pour vous permettre de remettre en place tous les morceaux de votre casse-tête. Vous n'avez pas à publier votre histoire, si vous n'en avez pas envie, mais l'écrire pour vous-même est un formidable processus de guérison de vos blessures passées et présentes.

Plus vous vous réapproprierez votre histoire, mieux vous vous connaîtrez et plus vous vous aimerez.

CADEAU N° 7

Soignez vos blessures

Cette étape n'est pas toujours une partie de plaisir ! On repousse parfois longtemps le moment de soigner nos blessures parce que trop souvent, nous avons peur que cela nous fasse aussi mal que lorsque nous les avons vécues la première fois.

Pourtant, une blessure dont on ne s'occupe pas continue d'influencer nos comportements et de gérer notre vie à notre insu. Ainsi, une plaie que nous ne soignons pas sera facilement irritée par tout frôlement. Si nous ne prenons pas soin de guérir nos blessures, nous continuerons d'attirer cela même qui nous avait fait souffrir, comme un révélateur à notre conscient pour que nous décidions enfin de lui apporter avec amour le traitement approprié.

Certaines blessures sont très difficiles à régler seul : les abus, l'inceste, la violence, la maltraitance, l'abandon, l'humiliation, le rejet, le harcèlement, l'intimidation sont des armes destructrices qui nous ont affaiblis, si nous ne les avons pas soignées.

Je ne saurais trop insister pour que vous songiez à aller chercher de l'aide professionnelle pour commencer le processus de cicatrisation de vos blessures. Des psychologues, thérapeutes, coachs qualifiés et autres professionnels de ce domaine sont des ressources qui vous aideront, sans jamais vous juger, à prendre soin de la partie blessée en vous. C'est l'un des plus beaux cadeaux que vous puissiez vous faire au cours de votre vie.

Et de grâce, à moins d'être complètement dépourvu financièrement, que la question monétaire ne vous prive pas de récupérer ce bien-être qui vous manque depuis trop longtemps.

Il y a de nombreuses années, je me suis moi-même privée de manger à ma faim pour finir de guérir ce qui me faisait tant souffrir. Je me suis privée de bien des petits luxes parce que j'avais décidé qu'il était primordial que je soigne mes blessures si je voulais me donner la possibilité d'être heureuse un jour. Et ce fut de loin le meilleur investissement de ma vie !

Et s'il m'arrivait aujourd'hui de bloquer sur une ancienne blessure qui ne s'est pas encore manifestée, je vous assure que je ferais tout pour la guérir, quitte à me priver de tout le reste pour prendre soin de cet aspect de moi qui a besoin d'amour.

Vous investissez dans votre maison, votre auto, vos études, vos voyages, votre apparence... Mais aucun de ces éléments ne peut vous apporter le bonheur, vous le savez. Seule la paix intérieure peut vous ouvrir au bonheur. Et cette paix naît seulement quand nous avons fait la paix avec nos blessures.

N'attendez plus, trouvez quelqu'un de compétent qui vous accompagnera sur votre chemin de guérison. C'est le plus beau cadeau que vous puissiez vous faire. Vous ne le regretterez jamais !

CADEAU N° 8

Sortez de votre zone de confort

L'un des secrets les mieux gardés pour être heureux et pour développer l'estime de soi, c'est de sortir de notre zone de confort au moins une fois par jour. Faites quelque chose de différent chaque jour, changez une routine, essayez quelque chose de nouveau, osez !

Comme je l'écrivais dans mon livre « Apprendre à s'aimer, un jour à la fois » :

« Depuis des années, je m'efforce quotidiennement de sortir de ma zone de confort. Chaque jour, j'essaie quelque chose de nouveau. Ce peut être de prendre une nouvelle approche pour mon travail, aborder une situation de manière différente, rompre une routine ou encore garder le silence là où j'aurais parlé avant et parler alors que je me serais tue avant. J'essaie de vivre hors de ma zone de confort, autant que possible. Je fais les choses différemment, chaque jour. Vous savez quoi ? La Vie est vraiment palpitante ! Chaque jour, je rencontre de nouvelles personnes extraordinaires qui m'apportent quelque chose de nouveau. J'accepte des invitations que la chaleur de mon confort m'aurait fait refuser auparavant. Chaque jour, je me lève avec l'envie de faire quelque chose de différent ! C'est exigeant et fatigant, mais en même temps, on se sent tellement vivants ! »

Voici quelques suggestions pour sortir de votre zone de confort :

1. Prenez un trajet différent pour vous rendre au travail

2. Changez d'épicerie !

3. Inscrivez-vous à une nouvelle activité sportive ou culturelle

4. Développez une nouvelle compétence

5. Assumez de nouvelles responsabilités au travail

6. Faites quelque chose que les autres ne s'attendent pas à vous voir faire !

7. Essayez un nouveau style vestimentaire

8. Offrez-vous un nouveau soin

9. Dites bonjour à un/e inconnu/e

10. Essayez un nouveau plat

11. Appliquez sur un nouveau poste si vous n'aimez plus le vôtre, même si vous avez peur

12. Initiez-vous à un nouveau sport

13. Lisez sur un sujet que vous ne connaissez pas

14. Cherchez de nouvelles occasions d'affaires

15. Assistez à de nouvelles conférences

16. Devenez bénévole pour une cause qui vous tient à cœur

17. Apprenez une nouvelle activité avec vos enfants

18. Apprenez une nouvelle langue

19. Entrez en contact avec quelqu'un que vous avez perdu de vue depuis des années

20. Faites une pause mini-vacances en plein milieu de la journée !

Continuez cette liste avec les choses que vous rêvez de faire mais que vous n'avez pas encore osé faire et agissez ! Vous verrez que chaque fois que vous sortirez de votre zone de confort, vous ferez croître votre estime de vous et votre confiance en vous.

CADEAU Nº 9

Acceptez que vous ne puissiez être aimés de tous

Il est impossible de se faire aimer de tout le monde ! Et pourtant, nous continuons d'agir comme si tous nos efforts finiraient par faire en sorte que nous y arriverons un jour.

Aucun grand prophète, Jésus, Bouddha, Mahomet, etc., malgré la beauté du message d'amour qu'ils diffusaient partout, malgré leurs grandes qualités de cœur et même s'ils ont traversé des siècles jusqu'à nous, aucun n'a réussi à se faire aimer de tout le monde. Et nous espérons y arriver, nous ?

Des statistiques scientifiques nous indiquent que dans un groupe de 100 personnes, 40 vont nous aimer d'emblée, 40 ne nous aimeront pas et 20 seront indifférents. Alors agissons pour les 40 % déjà gagnés à notre cause et laissons les autres vivre leurs choix comme ils l'entendent !

Plus vite nous acceptons ce fait, celui de ne pouvoir être aimés de tous, plus vite nous nous sentirons libérés du poids énorme de chercher à plaire à tous.

S'aimer, c'est se choisir et choisir de qui nous nous entourons. Ceux qui sont bons pour nous, qui nous sont favorables, qui nous font du bien, qui nous élèvent, qui nous font sortir le meilleur en nous, avec qui une relation égalitaire et réciproque est toujours possible, ceux-là mêmes méritent d'être dans notre vie.

À l'inverse, avez-vous vraiment besoin des personnes qui vous rabaissent, qui vous manipulent, qui vous maltraitent, qui vous mentent, qui vous laissent toujours avec un goût amer après les avoir rencontrées, qui font ressurgir le pire de vous, qui sont contre vous ? Pourquoi garder ces personnes dans votre environnement ? Elles nuiront toujours au développement de votre estime de vous-même.

C'est assez simple de savoir si une personne est bonne pour nous ou pas. Si, après une rencontre avec elle, nous nous sentons bien, légers, joyeux, détendus, alors les chances sont bonnes que la relation le soit aussi !

Mais si nous nous sentons déprimés, frustrés, si nous nous remettons en doute, si nous nous sentons négatifs, lourds, épuisés, alors ces personnes ne sont pas favorables à notre plein épanouissement, à notre estime de soi.

Le choix est simple, mais passer à l'action est parfois difficile. Cependant, il faut accepter de laisser s'éloigner ce qui nous nuit pour faire de la place à ce qui nous fait du bien.

CADEAU N° 10

Ce que l'autre pense de vous n'est pas de vos affaires !

Cette citation de Byron Katie est un merveilleux cadeau de lâcher-prise !

Si nous passons notre temps à nous préoccuper de ce que les autres pensent de nous, de ce qu'ils vont dire, de ce qu'ils vont penser de nous, nous passons une quantité d'énergie incroyable à tenter de contrôler ce que nous ne pouvons pas contrôler.

Si nous sommes alignés avec nous-mêmes, c'est-à-dire si nous vivons en fonction de nos valeurs, et non à côté de celles-ci, alors nous faisons toujours de notre mieux et nous respectons ce que nous sommes profondément. À partir de ce moment-là, ce que l'autre pense de nous, CELA LUI APPARTIENT ! Les commentaires qu'il peut faire sur nous parlent bien davantage de lui que de nous !

Nous ne pouvons ni prédire ni contrôler ses réactions, ses pensées, ses dires ou ses gestes. Nous réagissons et agissons tous en fonction de ce que NOUS sommes, et non en fonction de ce que l'autre fait, dit ou pense ! Chacun d'entre nous est responsable de ses réactions, jamais de celles des autres.

Ainsi, ce que l'autre pense de nous n'est pas de nos affaires ! Cela ne nous regarde pas, cela ne nous concerne pas : cela le concerne, LUI.

Dans le cadeau n° 9, nous avons vu que nous ne pouvons pas plaire à tout le monde. Alors bien entendu, le corollaire c'est que nous ne pouvons pas non plus contrôler leurs pensées ni leur opinion à notre égard.

Peu importe ce que nous ferons, nous ne pouvons pas empêcher les autres de penser ce qu'ils pensent de nous. Alors pourquoi s'en faire ? Faisons de notre mieux, faisons ce qu'il faut pour être en paix et en harmonie avec nous-mêmes, et laissons les autres penser ce qu'ils veulent. Cela ne nous regarde pas !

CADEAU N° 11

Déterminez vos valeurs

Identifier ses propres valeurs est un cadeau qui peut paraître fastidieux à plusieurs et en rebuter certains. Ce ne sont pas des questions que nous nous posons tous les jours dans le cadre de notre vie ! Pourtant, si nous pouvons identifier avec clarté quelles sont nos valeurs fondamentales, essentielles et non négociables pour nous, toutes nos décisions en seront facilitées et tous nos comportements seront en harmonie avec ce qui a vraiment de l'importance pour nous.

Plus tôt dans la Vie nous pourrons identifier quelles sont nos valeurs fondamentales, plus notre vie en sera facilitée, car tous nos choix s'aligneront sur celles-ci, comme autant de fondations à notre propre édifice. À partir de là, c'est plus facile de faire des choix pour soi.

Pour bien connaître vos valeurs, déballez le cadeau suivant en 8 étapes :

1. Demandez-vous : « Qu'est-ce qui est important pour moi à propos de ma vie ? » Chacune de vos réponses est une valeur. Écrivez-en 7 ou 8 pour commencer, si vous le pouvez. Puis prenez une pause de quelques minutes, revenez ensuite à votre liste et voyez s'il y a des valeurs auxquelles vous n'aviez pas pensé la première fois et qui vous viennent à l'esprit. Ajoutez-les à votre liste. Parfois, les valeurs les plus importantes ne nous viennent pas du premier coup.

2. Maintenant, regardez votre liste et décidez quelle valeur est la plus importante pour vous. Ensuite, comparez cette valeur avec chacune des autres valeurs que vous avez listées. Pour chaque comparaison, demandez-vous si vous aviez la valeur A mais pas la B, comment vous sentiriez vous ? Et si vous aviez la valeur B mais pas la A, comment vous sentiriez-vous ? Une fois que vous aurez fait cet exercice avec votre valeur que vous estimiez la plus importante, demandez-vous si c'est encore celle-ci qui prime ou si une autre vous semble maintenant plus importante.

3. Une fois que vous avez identifié votre valeur la plus importante, indiquez 1 devant celle-ci. Faites ensuite de même pour chacune des autres valeurs et numérotez-les selon l'ordre d'importance que vous leur accordez, en comparant chaque fois chacune avec chacune des autres. Même si cet exercice prend du temps et peut vous sembler fastidieux, vous en apprendrez beaucoup sur les valeurs qui guident votre vie ou que vous aimeriez qui guident votre vie. Le fait de les comparer vous en apprendra beaucoup sur vous-même.

4. Remettez maintenant dans l'ordre vos 10 valeurs les plus importantes.

5. Une fois que cette liste hiérarchique est refaite, de la plus importante à la moins importante, demandez-vous pour chacune : « Est-ce bien moi ? Est-ce ce que je fais dans ma vie de tous les jours ? » Apportez les changements requis dans votre liste au besoin, mais soyez sûr de vos changements avant de les faire. Assurez-vous aussi de ne pas faire la liste des valeurs que vous **pensez** que vous **devriez** avoir ! On cherche ce que sont vos valeurs en ce moment, pas ce que vous voudriez être. Au besoin, réécrivez votre liste.

6. Par la suite, demandez-vous pour chaque valeur : **« Pourquoi cette valeur est-elle importante pour moi ? »** Écrivez au moins 3 réponses pour chaque valeur. Cette partie de l'exercice est cruciale.

7. Enfin, voyez si ces valeurs, en ordre d'importance, représentent bien ce que vous voulez dans la vie. Par exemple, si vous avez des problèmes de santé mais que la santé n'est pas dans votre liste, ou se retrouve au bas de votre liste, vous aurez peut-être besoin de reconsidérer si cette valeur a réellement de l'importance pour vous ou si vous agissez en fonction de celle-ci. Vous voudrez peut-être alors la placer plus haut dans votre liste. Aussi, élément très important, demandez-vous si chacune de ces valeurs représente vraiment ce que vous voulez ou ce que vos parents ou la société disent que vous devriez vouloir ou être. Cet exercice vous aidera à comprendre pourquoi certains aspects de votre vie sont ainsi en ce moment.

8. Au besoin, dressez la nouvelle liste hiérarchique de vos valeurs. Les 3 premières devraient être des valeurs non négociables en tout temps. Et toutes devraient guider vos choix dans votre vie.

Pour toute décision importante à partir de maintenant, demandez-vous si celle-ci est en accord avec vos valeurs fondamentales.

CADEAU N° 12

Faites des choix qui vous rendent heureux

Bien sûr, dit comme ça, cela semble une vérité de la Palisse ! Pourtant, est-ce que le choix que vous vous apprêtez à faire vous rend heureux ou pas ?

Nous voulons tous être heureux, n'est-ce pas ? Mais faisons-nous ce qu'il faut pour l'être ? Quand on s'observe un tant soit peu, on réalise que l'humain a de bien drôles de comportements qui semblent aller à l'encontre de ce qu'il veut et l'on peut se demander s'il cherche à être heureux ou malheureux !

Si nous voulons être malheureux, nous continuerons à juger les autres, à commenter avec virulence, mépris et parfois agressivité ce que les autres disent, font... ou écrivent ! Nous regarderons les autres avec méfiance percevant la plupart des inconnus comme des ennemis potentiels, les soupçonnant de vouloir nous exploiter ou nous mentir. La colère et le ton de voix agressif seront nos modes de communication préférés. Nous tenons mordicus à nos fausses croyances et nous les portons fièrement comme une armure.

Si nous voulons être heureux, nous cherchons à comprendre l'autre, à l'accueillir dans ce qu'il est, convaincus que nous portons tous en nous un minimum de bonté et d'amour et que lorsque l'autre tente de nous faire du mal, c'est qu'il est pris dans sa propre souffrance. Nous avons de la compassion pour la souffrance de l'autre. Nous faisons confiance aux autres et à la Vie et nous écoutons notre intuition pour prendre nos décisions.

Si nous cherchons à être malheureux, nous ne nous ouvrons pas à de nouvelles manières de faire, de vivre, de penser, d'être. Nous protégeons jalousement ce que nous croyons être notre sécurité et malheur à qui veut la remettre en cause ! Nous n'osons pas sortir de notre zone de confort puisque nous n'y voyons pas d'intérêt. La peur domine nos pensées et notre mental nous concocte constamment les pires scénarios pour alimenter notre peur. L'ego se protège farouchement et refuse toute nouveauté qui mettrait en péril sa fragilité. Nous gardons rancune et cherchons vengeance.

Si nous visons à être heureux, nous sommes ouverts à la Vie, aux imprévus, à la nouveauté. Nous sortons souvent de notre zone de confort pour y trouver de nouveaux défis, de nouveaux amis. Nous faisons équipe avec notre ego, mais nous ne le laissons pas nous dominer. Lorsque nous sentons la peur s'immiscer dans nos pensées, nous évaluons si elle est réelle ou non et nous décidons en fonction de notre âme, pas de notre ego. Nous pardonnons, parce que cela nous libère d'un poids trop lourd pour notre bonheur.

Si nous cherchons à être malheureux, nous sommes perfectionnistes dans tout ce que nous faisons. Nous ne nous donnons pas le droit à l'erreur et nous ne nous arrêtons que lorsque nous sommes satisfaits, c'est-à-dire presque jamais ! Nous nous trouvons trop ceci, pas assez cela. Nous évitons de regarder notre reflet dans le miroir parce que nous n'aimons pas ce que nous y voyons. Nous ne nous sentons pas souvent à la hauteur des défis que nous rencontrons et nous refusons des occasions qui pourraient être intéressantes parce que nous avons peur que notre syndrome de l'imposteur soit découvert.

Quand nous voulons être heureux, nous faisons de notre mieux tout en respectant les autres. Nous n'avons pas besoin de prouver à qui que ce soit ce que nous valons, puisque nous sommes conscients de notre propre valeur. Nous nous aimons tels que nous sommes, et cela ne nous empêche pas de travailler chaque jour à devenir une meilleure personne, mais avec bienveillance et amour envers nous-mêmes.

Bien entendu, personne ne veut être malheureux ! Nous ne faisons pas consciemment des choix en nous disant « Youpi ! Si je fais ce choix, c'est sûr que je vais continuer d'être malheureux ! » Nous ne sommes simplement pas conscients à quel point nos barrières, nos limites, nos fausses croyances, nos peurs et notre ego dirigent notre vie.

Si ce cadeau a pu vous permettre de faire certaines prises de conscience de ce qui vous empêche d'être heureux, alors il aura atteint son but.

Soyez conscient des choix que vous faites, des pensées et des croyances que vous entretenez et des paroles que vous prononcez : si ce que vous dites, faites et pensez vous rend heureux et est en harmonie avec vos valeurs intrinsèques, alors tant mieux.

Mais si vous ruminez des scénarios du passé ou créez des scénarios catastrophiques pour le futur, si vous ne maîtrisez pas vos réactions, si vous faites des choix qui nuisent à votre santé et votre bien-être, alors il est temps de réviser ces choix.

Faites des choix bons pour vous. Ne gardez que les pensées qui vous font du bien. Ne ruminez pas le passé.

N'hésitez pas à aller chercher de l'aide pour vous défaire de ce qui vous nuit si vous voulez vraiment être heureux. Vous le valez tellement !

CADEAU N° 13

Arrêtez de vous mentir

Pour plusieurs, éviter de nommer une chose ou ne pas parler d'une situation leur permet d'entretenir l'illusion que cette chose ou cette situation n'existe pas. Ce peut être l'infidélité d'un conjoint, le mensonge d'un ami, la consommation d'un adolescent, l'alcoolisme d'un parent, le harcèlement au travail, les difficultés financières, les problèmes de couple ou la manipulation dans une relation. Pour ces personnes, si elles ne nomment pas la situation, elles peuvent continuer comme si ça n'existait pas ! (Extrait d'Apprendre à s'aimer, un jour à la fois).

Pourtant, « ce que tu fuis te suit, ce à quoi tu fais face s'efface ».

Regarder la réalité en face demande beaucoup de courage et de lucidité. Nous devons arrêter de nous mentir, de nier l'évidence, d'enjoliver certains passages et de faire face à ce qui est, ici et maintenant. Il faut aussi faire le deuil de nos illusions et observer ce que nous vivons dans le moment présent. Si ce que nous vivons ne correspond pas à ce que nous voulons, nous devons développer le courage d'accueillir cet écart si nous voulons améliorer la situation. Car rien ne peut être amélioré tant que nous nous mentons.

Faites trois colonnes sur une feuille. Dans la colonne de droite, si vous aviez une baguette magique, comment serait votre vie demain matin ? Écrivez tout ce que vous aimeriez vivre, sans tomber dans l'exagération (comme être milliardaire et vivre sur votre propre île déserte !). Soyez réaliste mais laissez aussi votre cœur s'exprimer. Faites une liste qui vous rend heureux, léger, et qui vous fait sourire intérieurement.

Ensuite, faites une seconde liste dans la colonne de gauche : Que vous manque-t-il en ce moment pour être bien ? Qu'est-ce que vous vivez qui brime votre bien-être actuellement ? Quels « problèmes » rencontrez-vous ? Où êtes-vous inconfortable ? Qu'est-ce qui vous rend triste, malheureux ?

Une fois que vous aurez répondu à ces questions et que vous aurez fait vos deux listes, dressez une troisième liste dans la colonne du milieu. Quelles solutions, quelles améliorations, que pouvez-vous faire pour combler l'écart entre la colonne de gauche et celle de droite ?

Pour chaque problème identifié à gauche, trouvez une ou des solutions possibles dans la colonne du centre. Lorsque vous ne trouvez pas de solution ou que celle-ci vous semble insurmontable, inscrivez : « aller chercher de l'aide » et indiquez qui pourrait vous aider à résoudre cette situation.

Ainsi, vous ferez face à toutes vos difficultés actuelles avec honnêteté. Vous constaterez que la plupart de ces difficultés nécessitent que vous fassiez des choix pour VOUS, certains très simples, et d'autres plus douloureux. Mais toutes, ou presque, devraient offrir une solution courageuse pour améliorer à la fois la situation et votre vie.

Engagez-vous ensuite à appliquer une de ces solutions dans les 24 prochaines heures. Et surtout, engagez-vous à ne plus jamais vous mentir ! L'honnêteté envers soi-même est l'un des principes fondamentaux de l'estime de soi.

CADEAU Nº 14

Réglez ce qui traîne

Dans la même veine que le cadeau nº 13, réglez ce qui traîne aura un impact important sur votre estime de soi et sur votre sentiment de bien-être. Tout ce qui traîne se salit, disaient nos grands-parents !

Que ce soit une vieille dette d'études, de l'argent que vous devez à vos parents, un malentendu avec une amie, une blessure de rejet que vous vivez à répétition, une relation non terminée, des excuses à faire, ou même changer une ampoule grillée dans la maison, tout ce qui traîne devrait être réglée pour vous libérer l'esprit et vous permettre de vous consacrer totalement au moment présent.

Nous avons parfois tendance à fuir certaines de nos responsabilités (voir le cadeau suivant !) parce que cela nous ennuie, nous irrite ou nous fait peur. Mais en ne le réglant pas, nous le traînons dans notre sac d'objets et de situations indésirables. Plus nous avançons, plus ce sac devient lourd si nous ne le vidons pas au fur et à mesure et plus il ralentit notre évolution.

Encore une fois, je vous suggère ici de lister tout ce qui est en suspens dans votre vie, tout ce qui traîne et que vous n'avez pas envie de régler ! Faire cette liste ne vous fera pas de mal, bien au contraire, elle vous fera réaliser que les quelques situations que vous avez à régler ne sont pas toutes si dramatiques que ça.

À côté de chacune d'entre elles, indiquez ce que vous devez faire pour la régler et indiquez une échéance, au bout de la ligne, pour vous inciter à vous mettre en action. Reportez ensuite cette échéance dans votre agenda et engagez-vous à régler ces choses, une après l'autre.

Chaque fois que l'une des choses sur votre liste sera réglée, célébrez-vous ! Faites-vous plaisir avec un cadeau, un massage, une bonne bouteille, un bon repas... Chaque fois que vous vous célébrez, c'est votre estime de soi que vous fêtez, car en réglant ce qui traîne et en vous en félicitant, vous faites grandir votre estime de vous-même, un pas à la fois.

Alors bravo !

CADEAU Nº 15

Prenez vos responsabilités

Prendre nos responsabilités, c'est nous assumer dans tout ce que nous sommes.

C'est ne pas nous mentir (cadeau nº 13), régler ce qui traîne (cadeau nº 14), et c'est surtout assumer ce que nous sommes, ce que nous vivons, notre propre rôle dans notre propre vie.

C'est aussi assumer notre part de responsabilité dans chacune de nos relations. C'est accepter que ce que nous attirons à nous est toujours le miroir de ce que nous portons en nous.

Lorsque nos adolescents veulent voler de leurs propres ailes et qu'ils obtiennent un premier travail, qu'ils achètent leur première auto ou qu'ils vont vivre en appartement, nous pouvons voir toute la fierté qu'ils éprouvent à assumer enfin leurs responsabilités. Même si parfois ils ont encore besoin de maman et papa! Cette étape de l'affranchissement parental est vitale pour leur développement émotif et pour leur estime de soi. Ils sont en train de développer leur sens des responsabilités.

Assumer nos responsabilités nous rend fiers de nous et rehausse notre estime de soi. Fuir nos responsabilités nous fait honte parfois et provoque toujours un impact négatif sur notre estime de soi.

Quelles responsabilités avez-vous de la difficulté à assumer dans votre vie? Qu'est-ce que vous cherchez à fuir, à éviter, à déléguer systématiquement? Dans vos tensions avec ceux que vous aimez, quelle est votre part de responsabilité?

Votre comptabilité vous ennuie et vous la reportez constamment, au point que cela devienne un vrai fouillis? Prévoyez une journée dans votre agenda pour y mettre de l'ordre et établir un système de classement qui vous facilitera les choses à l'avenir. Profitez-en pour changer votre croyance que ces choses sont ennuyeuses!

Vous savez qu'en certaines occasions sociales, vous avez tendance à trop boire et à changer de comportement dramatiquement? Demandez à votre ami/e de vous aider à mieux doser votre consommation en alternant entre un verre d'alcool et un grand verre d'eau. Ou mieux encore, abstenez-vous de boire pour ne pas perdre votre estime de vous.

Lorsqu'une situation demande notre attention, ne cherchons pas à la fuir. Assumons notre responsabilité, petit à petit s'il le faut, car en agissant de la sorte, nous construisons notre estime de soi.

CADEAU N° 16

Laissez le passé où il doit être

Combien d'entre nous ont tendance à ressasser sans cesse le passé, à raconter nos déboires antérieurs à nos nouvelles relations, à nous identifier même à notre histoire ?

Pourtant, nous ne sommes pas notre histoire ! Celle-ci nous a façonnés, certes, mais nous ne sommes pas notre histoire. Nous connaissons tous des personnes qui n'ont pour sujets de discussion que leurs drames du passé. Elles ne vivent pas dans le présent, elles sont encore dans le passé !

À quoi nous sert de raviver un passé qui ne reviendra plus, des blessures que nous avons déjà vécues, des relations que nous avons déjà perdues ? La Vie se vit au moment présent. Laissons au passé ce qui appartient au passé. C'est déjà assez demandant de vivre dans l'instant présent, vous ne croyez pas ?

Le seul moment où il est souhaitable de parler du passé, c'est lorsque nous décidons d'entreprendre une démarche avec un spécialiste pour soigner nos blessures. Par une revisite du passé, celui-ci nous aider à comprendre la source de nos comportements actuels et à y apporter les changements nécessaires pour laisser plus de place au bonheur dans notre vie. C'est la seule fois où votre passé vous sera utile : lorsque vous déciderez de guérir de ce que vous traînez encore de ce passé. Une fois cette étape franchie, une fois ces blessures en voie de cicatrisation, vous n'avez plus besoin de vous identifier à votre passé ni à le ramener à l'avant-scène constamment.

Il ne s'agit pas de le renier ni de l'oublier, il s'agit de le laisser là où il doit être : dans le passé. Il peut être utile pour expliquer certaines cicatrices que nous portons encore et pour clarifier certaines de nos réactions, mais cela signifie qu'il nous reste encore des choses à guérir.

Il peut être utile de mettre votre nouvelle relation au courant de votre passé, mais celui-ci ne doit pas interférer avec votre présent ni servir d'excuse pour justifier certains traits de votre caractère. Si c'est le cas, alors il y a encore des zones de vous qui ont besoin que vous vous en occupiez et que vous leur donniez beaucoup d'amour !

Concentrez-vous sur le présent, sur ce que vous avez envie de faire là, maintenant. Choisissez ce que vous vous voulez développer, soigner, devenir. Prenez le temps de leur consacrer vos énergies présentes. Vous aurez d'ailleurs beaucoup plus d'énergie si vous vivez dans le moment présent que si vous vivez dans le passé !

CADEAU N° 17

Vous n'êtes pas une victime !

Non, ni vous ni moi ne sommes des victimes de quoi que ce soit... à moins que nous ne décidions de le devenir !

Mon instructeur d'autodéfense avait conçu un programme d'autodéfense exclusivement pour les femmes, afin de les outiller pour se défendre en cas d'agression. En plus de nous donner des centaines de trucs pour nous sortir d'autant de situations indésirables, son apport le plus important aux groupes de femmes était de nous répéter constamment : « Vous n'êtes pas des victimes ! » Chaque fois que nous faisions face à un colosse, (il sollicitait ses élèves des cours de karaté pour jouer bénévolement le rôle d'agresseurs dans notre cours), il nous répétait : « Rappelez-vous mesdames que vous n'êtes pas des victimes ! Vous pouvez toujours vous défendre ! » Quand nous entendions ces mots, nous nous redressions toutes plus droites avec une confiance décuplée en nos propres moyens de défense.

Se positionner en victime, quelle que soit la situation, nous enlève tout notre pouvoir de changer la situation.

Vous voulez développer votre estime de soi, améliorer votre vie, surmonter vos difficultés, devenir une meilleure version de vous-même ? Alors rappelez-vous que VOUS N'ÊTES PAS UNE VICTIME !

Chaque difficulté que vous rencontrez, appelez-la plutôt un DÉFI et trouvez comment vous pourrez répondre à ce défi. Trouvez aussi ce que vous avez à apprendre de celui-ci, car tout ce que nous vivons est là pour nous faire grandir. Changez vos pensées et votre vie changera !

Éliminez les « oui, mais » de votre vocabulaire ! Pour toujours ! Laissez tomber les excuses face à vous-même. Bannissez les « plus facile à dire qu'à faire » et passez à l'action ! Le moindre petit pas vous permettra de briser les chaînes de votre position de victime.

Nous ne sommes pas toujours conscients d'emprunter parfois le rôle de victime. Que racontez-vous souvent à vos amis/es ? De quoi vous plaignez-vous le plus ? Quel sujet revient constamment dans vos conversations ? Là où nous nous plaignons, c'est que nous nous croyons victimes de cette situation ou de cette personne.

Nous ne sommes jamais victimes ! Mais pour nous en sortir, nous devons prendre conscience des aspects où nous croyons que nous en sommes une !

CADEAU Nº 18

Faites du ménage dans votre vie

Nous connaissons à peu près tous la satisfaction que nous éprouvons après avoir fait le ménage d'une penderie, d'un tiroir, d'une pièce, de notre bureau. Se débarrasser de ce qui ne nous sert plus, jeter les vieilles choses abîmées, donner ce qui est devenu inutile, crée un mouvement de nouvelle énergie dans cette pièce qui semble nous faire respirer plus profondément. Se désencombrer a toujours un effet positif sur notre moral et sur notre niveau d'énergie.

Pourtant dans notre vie sociale, affective ou amoureuse, nous ne sommes pas souvent portés à faire du ménage. Nous conservons de vieilles amitiés parce que cela fait tellement longtemps que nous nous connaissons, même si nous sortons de chacune de nos rencontres déçus, déprimés ou irrités.

Il est au moins aussi important de faire le ménage dans notre vie que dans notre maison ! Si vous manquez de temps pour voir les personnes que vous aimez, c'est peut-être que vous en consacrez trop à des personnes que vous aimez moins !

- Faites la liste de toutes vos relations en commençant par les plus importantes — conjoint/e, famille, amis/es — et allant jusqu'aux voisins que vous ne voyez qu'une fois par année !
- Pour chacune d'entre elles, écrivez-vous comment vous vous sentez avec elle, ou comment vous vous sentiez la dernière fois que vous l'avez rencontrée
- Comment vous sentez-vous à l'idée de la prochaine rencontre avec cette personne ?
- Qu'est-ce que chacune vous apporte ?
- Pouvez-vous être totalement vous-même avec cette personne ?
- C'est quand la dernière fois où vous avez ri avec chacune, que vous avez vraiment eu du plaisir ?
- Si vous aviez à décrire chacune d'entre elles en un seul mot, quel serait-il pour chacune ?

- Y a-t-il des personnes avec qui c'est systématiquement difficile de s'entendre, ou avec qui chaque discussion tourne au vinaigre ?
- Pourquoi gardez-vous cette personne dans votre vie ? Répondez à cette question pour chaque personne sur votre liste
- Avec qui aimeriez-vous passer plus de temps ?

Cette réflexion devrait vous permettre d'identifier facilement quelles personnes vous voulez garder dans votre vie et lesquelles vous pouvez laisser sortir de votre vie. La relation n'a pas besoin de se terminer par un conflit ! Vous pouvez tout simplement espacer les rencontres avec cette personne ou, si vous en avez le courage, vous pouvez lui dire que vous la remerciez pour les bons moments vécus avec elle, mais que maintenant vous faites le choix de vous rapprocher des personnes qui vous sont les plus chères et que vous aurez beaucoup moins de temps, ou plus du tout, à leur consacrer.

En faisant ce ménage, vous découvrirez avec qui vous vous sentez le mieux et vous choisirez dorénavant de ne partager votre précieux temps qu'avec les personnes qui vous font vraiment du bien ! Les autres passeront leur chemin.

CADEAU N° 19

Faites ce que vous aimez

Si vous avez déballé le Cadeau n° 3, vous avez réappris à découvrir ce que vous aimez faire, ce qui vous fait du bien. Allons plus loin maintenant.

Au-delà des obligations, et des responsabilités professionnelles et familiales, dans vos temps libres, est-ce que vous faites ce que VOUS aimez ou si vous faites ce que votre conjoint/e, vos enfants ou vos amies aiment ?

Qu'aimiez-vous faire lorsque vous étiez plus jeune et que vous ne faites plus aujourd'hui ? Pourquoi ne pas vous y mettre ?

Si même dans vos temps libres, souvent de plus en plus rares, vous continuez de marcher dans les traces des autres, vous ne trouverez pas votre propre chemin ! Si vous vous efforcez de faire comme les autres pour leur faire plaisir tout le temps, que vous reste-t-il à vous ?

Vous pouvez partager votre temps libre au moins à 60 % pour vous et 40 % pour les autres autour, si c'est ce que vous voulez. L'important, c'est que vous nourrissiez votre âme à faire des choses qui vous rendent heureux, qui vous font plaisir et qui vous font passer un bon moment avec vous-même.

Vous aimez aller au cinéma voir des films d'amour mais votre conjoint préfère des films d'action ? Alors allez chacun voir votre film ou alternez chacun votre tour pour faire plaisir à l'autre. Vous souhaitez faire du ski mais votre amoureuse préfère rester bien au chaud à lire ? Pourquoi ne pas faire ce dont chacun d'entre vous a envie et vous retrouver ensuite pour vous raconter ce que vous avez vécu ?

Allons plus loin encore. Est-ce que vous aimez ce que vous faites dans votre travail ? Sinon, pourquoi ne pas demander à votre patron de modifier quelque peu votre tâche, de vous confier de nouvelles responsabilités ou de vous muter à un autre poste ? Ou encore de suivre de la formation pour élargir votre éventail de possibilités professionnelles ? Si vous ne le demandez pas clairement, votre patron ne pourra jamais deviner !

Et si vous n'aimez vraiment plus votre emploi, si vous ne vous y réalisez plus, si vous vous levez à reculons chaque matin pour aller travailler, c'est qu'il est grandement temps de regarder d'autres options. Prenez votre temps, regardez les offres d'emploi, suivez des formations, rencontrez un coach en réorientation de carrière, informez-vous sur d'autres professions, mais de grâce, ne restez pas dans un emploi qui vous détruit à petit feu !

S'aimer, c'est aussi faire ce qu'on aime, et non subir ce qu'on fait !

CADEAU N° 20

Voyez les autres comme vos miroirs

Oui, je sais, c'est difficile ! Mais chaque personne avec qui nous avons des interactions significatives est un miroir pour nous, pour nous aider à mieux nous connaître, pour faire ressurgir les zones d'ombre en nous afin que nous en prenions soin.

Les personnes avec qui les relations sont les plus difficiles sont souvent nos plus grands maîtres. Cette phrase est difficile à accepter, mais elle est toujours vraie.

Cette personne qui semble nous mentir constamment est peut-être là pour nous faire prendre conscience que nous NOUS mentons à nous-mêmes trop souvent. Cette autre qui nous semble égoïste et ne penser qu'à elle vient peut-être nous rappeler que nous faisons de même dans certains autres aspects de notre vie. Ou alors elle est là pour nous rappeler que nous ne nous accordons pas le droit de penser à nous, nous dévouant constamment pour les autres.

On dit parfois de certaines personnes qu'elles font ressortir le pire de nous ! C'est justement pour que ce « pire » remonte à la surface et que nous puissions en prendre soin pour le guérir que ces gens-là sont dans notre vie.

Si vous voulez mieux vous connaître, dressez la liste des personnes que vous côtoyez le plus souvent. Faites-la suivre de la liste des personnes avec qui vous éprouvez des difficultés actuellement. Autant pour les personnes proches que pour celles difficiles, identifiez ce qui les caractérise, qualités et défauts, et tentez de voir en quoi vous possédez vous-même ces qualités et ces défauts.

C'est un cadeau qui demande de l'humilité et du courage. Mais ce cadeau est sans doute l'un des plus puissants outils d'évolution que nous ayons à notre disposition quotidiennement. Il n'en tient qu'à nous de bien l'utiliser, sans jamais nous culpabiliser, pour avancer sur le merveilleux chemin de notre estime de soi.

CADEAU N° 21

Rendez service gratuitement
ou faites plaisir à quelqu'un

Puisque vous êtes en train de lire ce livre, vous avez probablement passé une bonne partie de votre vie à aider les autres et à vouloir leur faire plaisir, non ? Mais la plupart du temps, nous avons agi ainsi pour nous faire aimer, pour que l'autre nous apprécie, pour que l'autre nous complimente, nous valorise, nous trouve bon/ne, gentil/le, aimable.

Ici, il s'agit de vraiment rendre service ou de faire plaisir le plus simplement possible, et si l'on peut, de manière incognito. Notre geste doit être complètement désintéressé et nous ne devons rien attendre en retour, ni merci, ni compliment, juste NOTRE joie de faire plaisir à quelqu'un.

Ce peut être de dire bonjour à une personne âgée, de l'aider à transporter ses paquets, de lui offrir d'aller la reconduire chez elle. Ce peut être d'ouvrir et de tenir la porte pour quelqu'un d'autre, de laisser un dollar dans un livre qu'on rend à la bibliothèque, de laisser un petit mot gentil au camelot, au facteur, au docteur. Tout le monde aime recevoir quelque chose d'agréable, surtout de manière complètement désintéressée et inattendue de la part de quelqu'un que nous connaissons peu ou pas.

Un simple souhait comme « bonne journée » à une amie par SMS le matin ou « je pense à toi » à quelqu'un qui vit quelque chose de difficile, réchauffera le cœur de la personne qui le reçoit, et le vôtre aussi !

Des études ont démontré que le bonheur ressenti après avoir fait plaisir GRATUITEMENT à quelqu'un dure 9 fois plus longtemps que de se faire plaisir à soi ! Un bonheur ou un plaisir partagé est toujours multiplié, jamais divisé.

Ne vous perdez pas dans les gestes généreux que vous aurez envers les autres, mais offrez-les de bon cœur, en étant conscient que votre estime de soi augmentera chaque fois que vous ferez le bien autour de vous, et chaque fois que vous prendrez soin de vous.

CADEAU N° 22

Acceptez que la vie soit faite de joies et de peines en alternance

L'une des plus belles leçons que j'ai eues, c'est une tante de mon père qui me l'a offerte. À tout près de 85 ans, elle me racontait pour la première fois comment elle avait vu son fils de 18 ans se noyer sous ses yeux, il y avait près de 50 ans de cela. L'écoutant avec compassion et émotion, je lui ai demandé comment elle avait fait pour continuer à vivre malgré cette douleur. Et elle a eu pour réponse ces merveilleuses paroles : « Ma fille, la Vie c'est fait de joies et de peines, en alternance. Plus vite on accepte ce fait, mieux on peut vivre ! »

Cette grand-tante m'a légué sa manière d'accepter la Vie, avec tout ce qu'elle a à offrir. Une alternance de joies et de peines, de bonheurs et de souffrances, de rires et de larmes.

Plus tôt dans notre vie nous acceptons que la Vie est ainsi faite, moins nous résisterons à ce qui ne nous plaît pas. Car nous saurons que chaque événement apporte son cadeau, que les joies suivront les peines et que tout change dans la Vie.

Si vous vous penchiez sur votre vie et que vous en fassiez un bref compte-rendu, vous trouverez des choses à inscrire dans la colonne des chagrins et dans celles des joies. Et si vous le faites en ordre chronologique, vous remarquerez que cette vérité est immuable. On a parfois l'impression que les périodes difficiles sont beaucoup plus longues que les périodes de joie, mais c'est souvent parce que nous y résistons que nous souffrons plus longtemps.

Devant une situation difficile, voire épouvantable, nous avons trois choix :

1. Y résister, se battre et souffrir

2. La subir et se positionner en victime

3. L'accueillir et si nous ne pouvons rien y changer, l'accepter

Le meilleur moyen pour accueillir tout ce qui est mis sur notre route est de vivre dans le moment présent, en sachant que la Vie est plus grande que nous et qu'elle sait mieux que nous ce dont nous avons besoin.

À la prochaine situation difficile, vous n'avez que deux questions à vous poser :

1. Est-ce que je peux y changer quelque chose ?

2. Si oui, que puis-je faire maintenant ?

Sinon, alors je me concentre sur le moment présent et je respire dans cette difficulté pour l'aider à passer. Car tout finit par passer.

CADEAU N° 23

Vous êtes assez !

Quand nous passons notre temps à faire beaucoup pour les autres, nous voulons leur plaire, nous voulons les rendre heureux, nous voulons être aimés. Et s'ils ne sont pas contents, s'ils ne sont pas heureux et s'ils ne nous aiment pas encore assez, alors que faisons-nous ? Nous en faisons plus !

Au lieu de nous retirer et de nous concentrer sur nous, nous voilà en train d'en faire toujours plus, plus, plus !

Si quelqu'un nous fait un reproche, nous nous efforçons de corriger la situation en en faisant plus. Laissez tomber la fausse croyance que vous n'êtes pas assez ceci ou cela. Tenter de satisfaire les autres constamment en vous oubliant ou en vous reniant est un raccourci vers le malheur !

Arrêtez d'en faire plus ! La Vie ne nous demande pas d'en FAIRE plus, elle nous demande D'AIMER mieux !

Si nous faisons de notre mieux, c'est déjà suffisant.

Aujourd'hui, tel que vous êtes, VOUS ÊTES ASSEZ !

« *Faire plus nous épuise. Aimer mieux nous élève. Tant que nous sommes capables d'aimer vraiment, nous sommes assez.*

Bien sûr, nous pouvons avoir envie de nous dépasser, mais ne le faisons pas par peur de ne pas être assez. Faisons plutôt par défi personnel, pour découvrir tout notre magnifique potentiel. Autrement, nous sommes assez ! » (Extrait d'Apprendre à s'aimer un jour à la fois)

Écrivez ASSEZ ! sur des Post-it que vous collerez un peu partout dans votre environnement quotidien. Répétez-vous régulièrement « Je suis assez ! » pour vous rappeler que vous l'êtes, quoi qu'il arrive !

CADEAU N⁰ 24

Soyez ouvert aux changements

C'est souvent notre résistance aux changements qui nous fait souffrir. Nous refusons d'accepter ce qui est, nous refusons les changements que notre patron apporte à notre travail, ceux que nos enfants demandent, ceux que la Vie amène, inexorablement.

Plus nous résistons aux changements, plus nous souffrons. Nous ne pouvons pas contrôler qui que ce soit et bien peu de choses dans notre vie : nous ne pouvons que contrôler nos réactions face à ce que nous vivons et là encore, nous avons du mal à le faire !

Notre ouverture aux changements est comme un muscle que l'on peut développer, petit à petit, de manière à ouvrir de plus en plus notre esprit aux changements tout comme on développe de plus en plus un muscle à force d'exercices précis qui lui en demandent toujours un petit peu plus chaque fois.

Pour éviter de souffrir aux prochains changements qui vous seront imposés, ou à tout le moins réduire la période de souffrance, prenez l'habitude d'apporter vous-même dans votre vie des petits changements quotidiens. Même si ceux-ci ont l'air banals, ils sont importants pour apprendre à votre cerveau et à votre ego que le changement, ce n'est pas dramatique en soi. En voici quelques exemples :

1. Changez d'endroit où faire votre marché cette semaine : allez dans une nouvelle épicerie

2. Changez de place les meubles de votre salon, de votre chambre

3. Dormez de l'autre côté du lit pour un mois

4. Changez l'heure de votre réveil pour vous lever plus tôt pour lire, vous entraîner ou méditer

5. Essayez un nouveau trajet pour vous rendre à votre travail

6. Commandez autre chose au restaurant que ce que vous avez l'habitude de commander

7. Changez de coiffeuse pour une fois

8. Essayez un nouveau sport

9. Partez en auto sans destination précise, au gré de vos intuitions

10. Changez le petit nom d'amoureux que vous dites à votre conjoint/e !

Vous pourrez augmenter l'ampleur de vos changements volontaires au fur et à mesure que vous vous sentirez plus à l'aise. L'important est d'assouplir ces rigidités mentales qui nous font résister aux changements. Votre ego constatera qu'il ne mourra pas parce que vous apportez des changements dans votre vie : ainsi, il aura moins tendance à résister aux prochains !

CADEAU N° 25

Renouez avec la nature

Il suffit de le faire une fois pour réaliser à quel point le contact avec la nature nous est essentiel, surtout si cela fait longtemps que nous ne sommes pas allés nous promener en forêt ou en bord de mer.

Le contact avec la nature est ce qu'il y a de mieux, ou presque, pour nous ressourcer, pour libérer nos pensées, notre stress, pour réaliser à quel point nous sommes unis à la nature et qu'elle fait partie de notre essence profonde.

Une marche en forêt, dans le silence, sans écouteurs sur les oreilles pour pouvoir mieux entendre le chant des oiseaux, le bruit du vent dans les arbres, le murmure du ruisseau, ou même le silence. Marcher en nature en plein hiver alors que la neige craque sous nos pas, que le froid assourdit tous les sons et qu'il règne comme une aura particulière pour nous apaiser est un grand cadeau à se faire. Se promener sur la plage pour contempler le mouvement incessant des vagues, contempler l'immensité de l'horizon a un effet bénéfique scientifiquement prouvé sur notre santé physique et mentale.

Souvent, la nature n'est qu'à quelques pas de chez soi : un parc public, un quartier boisé, une rivière tout près font presque autant de bien que d'aller loin en forêt ou à la mer.

Ne négligez pas l'importance des bienfaits du contact avec la nature. On en revient toujours plus détendu, avec un sentiment d'euphorie tranquille parce que l'esprit s'est apaisé et le corps s'est ressourcé.

Profitez de vos moments libres pour être en contact avec la nature : sur votre heure de lunch, en soirée avant de vous mettre au lit (excellent pour les insomniaques !) et le week-end. Privilégiez des vacances avec au moins une partie du séjour en nature afin de vous rappeler que nous sommes tous reliés, nous, les humains, et la nature aussi.

CADEAU N° 26

Libérez-vous des attaches inutiles ou castrantes

Conservez-vous dans votre vie des relations qui ne vous nourrissent plus mais que vous maintenez sur le respirateur artificiel ? Avez-vous des liens encore avec des personnes qui sont peu respectueuses de ce que vous êtes et qui ne manquent pas une occasion de vous le dire ? Êtes-vous attaché à un vieux chalet, une maison, des biens quelconques simplement parce que vous ne pouvez vous résoudre à vous en défaire même si vous ne vous en servez plus ou si vous n'y êtes plus bien ?

En maintenant dans notre vie des choses et des personnes dont le temps est écoulé pour nous, nous évitons de faire de la place à de belles choses et de belles personnes qui pourraient entrer dans notre vie et nous faire du bien.

Il ne s'agit pas de se débarrasser cavalièrement de choses dont nous ne voulons plus, il s'agit plutôt de se défaire des liens, des attaches, de la nostalgie qui nous relie à un passé qui n'existe plus. Si ces liens nous nourrissent encore et nous font du bien alors tant mieux, gardons-les.

Mais si nous constatons que cela nous pèse d'aller ouvrir le chalet au printemps, ou que nous gardons la maison de nos parents mais n'y sommes plus à l'aise parce que ce n'est pas « nous », ou si nous revoyons annuellement presque par obligation les compagnons de classe avec lesquelles nous n'avons plus d'affinités, alors quel est le bénéfice pour nous là-dedans ?

Pouvez-vous dresser la liste de tous les liens qui vous attachent à un passé révolu ? De tous les liens actuels, aux choses comme aux gens, qui ne vous font PAS sentir bien ?

Une fois que vous aurez pris conscience de tout ce que vous traînez inutilement dans vos bagages dans le présent, libérez-vous un à un de toutes ces obligations qui ne sont plus source de vie pour vous, mais qui vous volent du temps et de l'énergie que vous n'avez plus pour vous consacrer à ce qui ravive la flamme en vous. Vous pouvez utiliser à cet effet la technique des bonhommes allumettes (disponible sur le web).

Notre vie est faite de choix, jour après jour, heure après heure, minute après minute. Faites les choix qui vous font du bien et qui vous élèvent et éliminez les autres qui vous tirent vers le bas.

Se libérer des attaches inutiles est une grande preuve d'amour envers soi !

CADEAU N° 27

« Go with the flow ! »

Go with the flow, qu'on peut traduire par « suivre le mouvement de la vie » est l'une de mes devises préférées avec « tout est parfait ! »

Suivre le mouvement de la Vie, c'est arrêter de résister et de s'entêter à vouloir que tout se passe exactement comme nous le voulons, quand nous le voulons, où et avec qui nous le voulons ! Je ne sais pas si vous avez déjà essayé de gagner avec la Vie mais elle a toujours le dernier mot !

Quand nous avons dépensé inutilement beaucoup d'énergie à résister à ce que la Vie propose ou impose, et que nous avons assez souffert, nous n'avons qu'une envie : lâcher prise et *go with the flow* !

Cela implique de suivre nos inspirations, ces petits signes que la Vie nous souffle à l'oreille pour nous donner l'impulsion nécessaire pour tourner à gauche ou à droite, ou faire le premier pas vers l'atteinte de notre rêve. Cela signifie aussi se réaligner continuellement, parce que notre ego veut toujours reprendre le contrôle. Il nous faut apprendre à laisser la Vie nous guider vers là où nous devons aller et renoncer à tenter de tout contrôler.

C'est une attitude, une philosophie de vie qui nous libère incroyablement du stress, de la pression, de l'angoisse, de la peur, de la résistance, de la souffrance. En suivant le mouvement de la Vie, nous entrons dans la danse avec elle et c'est elle qui nous guide pour les pas à faire.

- Quelles sont les situations ou les choses qui vous dérangent vraiment actuellement ?

- Avez-vous du contrôle sur ces situations, pouvez-vous y changer quelque chose ?

- Si Non, suivez le mouvement ! (*go with the flow !*)

- Si Oui, alors que pouvez-vous faire ? Qu'est-ce que votre intuition vous demande de faire ?

- Qu'est-ce que la Vie attend de vous dans cette situation particulière ?

- Qu'avez-vous à apprendre dans cette situation ? Quel est le cadeau pour vous ici ?

Il y a toujours un cadeau dans chaque situation difficile. Il est parfois mal emballé, mais il est toujours présent ! Il n'y a que vous qui pouvez le trouver !

CADEAU N° 28

Prenez soin de votre santé chaque jour

Nous souhaitons tous conserver notre bonne santé mais que faisons-nous de concret chaque jour pour y arriver ? Si nous ne prenons pas soin de notre corps, qui le fera à notre place ? Si nous le maltraitons, ne soyons pas étonnés qu'il nous réponde par la maladie afin que nous nous occupions enfin de lui correctement !

Voici quelques petits rappels pour vous aider à bien prendre soin de votre santé. Le corps étant le temple de votre âme, il est aussi important pour votre estime de soi que votre développement personnel.

- Dormez au moins de 6 à 8 heures par jour
- Mangez biologique le plus possible
- Privilégiez les légumes et les fruits pour au moins 60 % de votre alimentation
- Éviter le gras le plus possible, sauf les bons gras (poisson, amandes, avocats…)
- Bannissez le sucre de votre alimentation : c'est un tueur silencieux
- Prenez 3 repas et 3 collations nutritives par jour
- Le déjeuner est le plus important repas de la journée : il vous fournit le carburant pour toute la période active de votre journée : ne le négligez pas !
- Buvez au moins deux litres d'eau par jour
- Limitez votre consommation d'alcool
- Débarrassez-vous de votre dépendance à la cigarette
- Faites au moins 30 minutes d'exercices par jour, même si c'est une marche à l'extérieur
- Évitez les stress inutiles
- Évitez les appareils intelligents (ordinateur, cellulaire, tablette) au moins 1 heure avant de vous coucher

- Créez un environnement calme dans votre chambre avant le sommeil
- Aérez votre chambre quand c'est possible
- Éliminez les moisissures dans la maison
- Prenez l'air tous les jours
- Faites-vous masser, allez chez le coiffeur, hydratez votre peau
- Utilisez le plus possible des produits botaniques pour votre hygiène personnelle et votre maquillage, sans produits chimiques et sans graisse animale
- Travaillez dans une pièce éclairée naturellement si possible
- Assurez-vous d'avoir une bonne posture, assis comme debout
- Reposez-vous quand vous êtes fatigué, n'en demandez pas plus à votre corps : il vous parle, écoutez-le !
- Assurez-vous de ne rien faire qui **nuise** à votre santé

Vous avez sûrement d'autres suggestions à ajouter. Notez-les ici et surtout, respectez-les ! Et bonne santé !

CADEAU N° 29

Écoutez votre intuition

Pour entendre notre intuition, il faut faire taire notre mental ! Si nous sommes toujours dans le bruit, la course d'un côté et de l'autre, si nous restons au niveau du mental, nous aurons du mal à entendre notre intuition ! Il vaut mieux s'arrêter quelques instants, poser une question claire, silencieusement ou à voix haute, et écouter la petite voix qui montera. C'est notre intuition. Il se peut qu'une deuxième voix essaie de prendre le dessus en disant : « Tu ne peux pas faire ça ! » « Tu n'y arriveras pas ? » ou « Qu'est-ce que les autres vont dire ? » Ça, c'est la voix de votre ego, qui vit dans la peur de tout, surtout du changement ! Votre première intuition est souvent la meilleure. Elle se manifeste aussi de différentes façons :

- C'est parfois le mal de ventre ressenti lorsque quelque chose ne va pas dans votre vie.

- C'est l'envie de fuir lorsque nous ne sommes pas à la bonne place.

- C'est le malaise diffus lorsque nous sommes en présence de certaines personnes.

- Mais c'est aussi une impulsion spontanée de faire quelque chose de différent.

- C'est l'envie soudaine d'appeler une personne sans savoir qu'elle en avait justement besoin.

- C'est un élan qui nous guide sur un chemin différent, vers des messages extraordinaires.

- C'est savoir que nous sommes à notre place, sans pouvoir l'expliquer clairement.

- C'est sentir monter des vagues de belles émotions lorsque nous sommes avec la bonne personne.

- C'est faire confiance à la Vie.

L'intuition, c'est tout votre corps qui vous lance des signaux, c'est la Vie qui vous envoie des synchronicités, c'est le message d'amour lumineux que votre âme vous envoie. Pour développer votre intuition, prêtez attention aux choses suivantes :

- Faites le silence en vous et autour de vous quelques fois par jour : on entend mieux la voix de notre intuition dans le calme, surtout au début.

- Notez vos rêves : ceux-ci vous parlent souvent en symboles mais ils peuvent vous apporter beaucoup de réponses.

- Apprenez à méditer, ne serait-ce que 5 minutes par jour, de manière à faire taire un peu votre mental pour laisser la place à votre intuition.

- Faites-vous confiance et suivez vos élans : si vous pensez à quelqu'un et que vous avez envie de le contacter, faites-le. Si vous avez envie d'aller prendre une marche dans un autre quartier, suivez votre intuition.

- Notez toutes les fois au cours de la journée où vous avez suivi votre intuition : cela vous encouragera à la faire plus souvent.

- Prenez soin de vous : dans la course ou dans l'épuisement, vous aurez de la difficulté à laisser votre intuition vous rejoindre. Relaxez plus souvent, faites quelque chose de bon pour vous chaque jour.

- Écrivez ! Écrivez tout ce qui vous vient, pour le seul plaisir d'écrire, sans vous juger et sans vous censurer. Souvent, l'écriture inspirée nous en apprend beaucoup sur nos états d'âme.

- Renouez avec la nature le plus souvent possible : l'intuition adore s'y réfugier avec vous !

CADEAU N⁰ 30

Retrouvez vos meilleurs amis plus souvent

Pris dans notre brouhaha quotidien, nous oublions trop souvent de faire de la place pour les choses qui comptent vraiment, qui nous font du bien, qui nous remontent le moral.

Quand avez-vous eu le temps de passer un bon moment avec vos meilleurs amis/amies la dernière fois ? Vous rappelez-vous à quel point cela a été un moment particulièrement agréable de se faire des confidences, d'avoir des fous rires, de se rappeler de bons souvenirs et d'apprécier le moment présent ensemble ?

Donnez-vous l'espace et le temps pour vous ressourcer auprès de vos amis plus souvent. Ils sont la base de notre équilibre mental, et nourrir nos amitiés est sans doute l'un des plus beaux engagements que nous puissions prendre. Partager nos joies avec nos amis, recevoir leur soutien dans les moments difficiles et surtout, savoir que nous ne sommes pas seuls, quoi qu'il arrive, sont les plus beaux cadeaux de l'amitié.

Offrez-vous ce cadeau plus souvent !

- Organisez des activités ensemble
- Recevez-vous à tour de rôle
- Allez au Spa
- Louez un chalet
- Faites une virée dans la grande ville
- Prévoyez une journée dans les boutiques
- Faites du sport ensemble
- Inscrivez-vous à des cours, ou à des activités
- Faites du Karaoké
- Allez voir un match sportif
- Etc.

Ne ratez pas une occasion de vous faire du bien avec des gens que vous aimez ! C'est essentiel pour votre estime de soi !

CADEAU N° 31

Agrandissez votre cercle d'amis

Parfois, de nouvelles amitiés se forment au hasard de rencontres. Parfois aussi, vos amis ont de nouveaux amis. Il est intéressant de faire de nouvelles rencontres pour enrichir notre réseau social avec de belles personnes. Apprendre à découvrir de nouvelles personnes et choisir celles qui nous font du bien et qui nous apportent quelque chose de positif, c'est toujours bon pour l'estime de soi !

Une activité que j'aime bien organiser, c'est le souper communautaire, où chacun apporte un plat et où nous nous installons autour de la table pour manger et apprendre à nous connaître. Pour ce faire, j'ai créé un jeu de questions intitulé « Pour mieux se connaître » où chacun tire au hasard une question à tour de rôle. C'est un jeu conçu pour briser la glace entre les personnes qui ne se connaissent pas et pour apprendre à connaître les gens autrement et plus profondément.

J'écris donc une centaine de questions (mais 20 peuvent aussi bien faire l'affaire !) que je découpe individuellement et que je mets dans une boîte. Une première personne tire une question, y répond et par la suite, chaque personne autour de la table répond à la même question à tour de rôle. Ensuite, la personne à gauche de la première qui a pigé en tire une autre, y répond et chacune y répond ensuite. Et ainsi de suite.

Cela crée des discussions riches de sens dès le départ. Parfois même, on a le plaisir de découvrir des choses chez nos amis proches dont on ne soupçonnait même pas l'existence. Je vous assure qu'après 3 ou 4 questions, la discussion est partie pour la soirée ! Voici donc quelques exemples de questions non conventionnelles ! Ajoutez-y les vôtres tout en vous assurant que toutes les questions mènent à des échanges POSITIFS !

1. Un de mes plus beaux souvenirs d'enfance

2. Mon film préféré de tous les temps

3. Si j'écrivais ma biographie, elle s'intitulerait...

4. Un rêve d'enfance que je n'ai pas encore réalisé et un que j'ai réalisé

5. La fois où j'ai eu l'air le plus fou

6. Le meilleur tour que j'ai joué à quelqu'un

7. Une de mes réalisations (personnelle ou professionnelle) dont je suis le/la plus fier/fière

8. Si j'avais une baguette magique, mon plus grand rêve serait...

9. Si j'étais du sexe opposé, la première chose que je ferais serait de...

10. Je voudrais que les autres se souviennent de moi comme quelqu'un...

11. Ce qui me touche le plus, c'est...

12. Le genre de personnes que j'admire le plus

13. Ce que je trouve le plus beau dans la vie

14. Le plus beau son ou la plus belle musique pour moi, c'est...

15. Une personne célèbre que j'aimerais rencontrer. Et la première question que je lui poserais.

16. Le meilleur livre que j'ai lu ou celui qui a changé ma vie

17. La personne de mes rêves doit absolument...

18. Ce que mes enfants ne savent pas de moi

19. Une journée parfaite pour moi, ce serait...

20. La Vie est bonne pour moi quand...

21. Un souvenir parfait

22. Une chose que je voudrais absolument faire avant de mourir

23. Ce qui m'inspire

24. Une expérience qui a changé ma vie

25. La principale qualité que je recherche chez mes amis/es

CADEAU N° 32

Donnez de la profondeur à vos relations

Particulièrement en ce qui concerne les relations les plus longues dans notre vie, il semble que nous tenions parfois celles-ci pour acquises et que nous oublions de nous mettre à jour dans ces relations. Nous avons peut-être oublié d'y cultiver de la profondeur, de la transparence, de l'authenticité et de l'honnêteté.

Et si vous preniez le temps de redécouvrir votre ami/e, votre conjoint/e ? Changez de routine de conversation, allez chercher plus de profondeur dans cette relation, confiez-vous des choses que vous ne vous êtes jamais dites.

Faites quelque chose de différent ce week-end. Utilisez le cadeau précédent avec cette personne, juste pour apprendre à vous connaître plus profondément, vous deux.

C'est dans la profondeur de nos relations avec les autres que nous prenons assises pour nourrir notre vie personnelle. Des relations profondes et nourrissantes auront un impact positif important sur l'image que nous avons de nous-mêmes et du monde en général.

Ne minimisons pas l'importance d'entretenir des relations plus profondes avec quelques personnes. Elles seront des points d'ancrage importants aux différentes étapes de notre vie. Et elles nous aideront à maintenir une bonne estime de soi dans les périodes difficiles.

CADEAU N° 33

Prenez du temps pour vous chaque jour

Si vous avez déjà déballé le Cadeau n° 3, vous avez appris à faire au moins une bonne chose pour vous chaque jour. Et je parie que vous y avez pris goût, même si au début, cela n'allait pas toujours de soi !

Maintenant, si l'on allait encore plus loin que ça ?

Avez-vous déjà calculé combien de temps vous consacrez aux autres chaque jour ? Aux enfants, au conjoint, au travail, au bénévolat, aux activités de toutes sortes, aux amis, aux parents ? N'est-il pas temps maintenant d'inscrire à votre agenda des « *Me moment* », des périodes de temps à vous, pour vous ?

Prévoyez dans votre agenda une plage horaire rien que pour vous chaque jour, au moins 30 minutes qui vous appartiennent, pour faire ce dont vous aurez envie, spontanément, mais surtout sans y déroger.

30 minutes par jour, cela représente à peine 2 % du temps dont nous disposons quotidiennement.

Profitez-en pour allonger la période de ce que vous aurez pigé le matin (Cadeau n° 3) ou pour faire une sieste, ou pour faire ce dont vous aurez envie. Même ne rien faire !

Faites-le sans vous culpabiliser. Prévenez votre famille que c'est votre moment à vous, nécessaire pour continuer d'être un bon parent, un bon conjoint et pour préserver votre équilibre mental. N'acceptez pas d'être dérangé. C'est VOTRE moment, ne le sacrifiez pas !

En prime, cela vous permettra de vous pratiquer à dire Non !

Plus vous vous accorderez du temps, plus vous ressentirez un bien-être intérieur apaisant.

CADEAU Nº 34

Fuyez le négatif sous toutes ses formes

Il n'y a pas que les personnes toxiques que nous devons éviter. Toute influence négative, qu'elle provienne des autres, des médias ou de nos pensées, devrait être éliminée le plus possible.

Si vous avez l'habitude d'écouter les bulletins de nouvelles avant de vous endormir, vous terminez votre journée dans les drames, les accidents, les meurtres, la corruption, la guerre, les attentats, etc. Rien de positif dans tout ça ! Votre subconscient retient ce qu'il a entendu dans les 30 minutes qui précède votre sommeil et continue de chercher et de créer des choses de même nature pendant que vous dormez. Alors si vous vous endormez sur du négatif, vous risquez d'attirer plus de négatif dans votre vie.

Si, au contraire, avant de vous endormir, vous rédigez un journal de gratitudes (cadeau suivant), vous concentrez votre attention sur des choses positives. Ainsi, pendant votre sommeil, votre subconscient continuera à créer et attirer des choses positives puisque c'est ce avec quoi vous l'aurez nourri avant de vous endormir.

De même, les personnes qui se plaignent continuellement sans réelle volonté de s'en sortir, les râleurs, les « critiqueux », ceux qui sont perpétuellement insatisfaits ne vous apporteront pas beaucoup de positif dans votre vie ! Avez-vous vraiment besoin de garder près de vous ce genre de personnes ? Si vous vous sentez vidé, épuisé, frustré ou déprimé après avoir rencontré l'une de ces personnes, c'est peut-être là le meilleur indice que ces rencontres ne vous font pas de bien !

Apprendre à s'aimer implique de faire les bons choix pour soi. Apprendre à se choisir, à choisir ce qui est bon pour nous, demande, hélas, de rompre parfois certaines relations stériles ou tellement négatives qu'elles en deviennent nuisibles.

Abstenez-vous de lire les nouvelles négatives, de regarder des reportages qui vous attristent, évitez le sensationnalisme beaucoup trop présent dans nos quotidiens. Choisissez avec soin ce que vous allez lire, regarder, écouter. Nourrissez votre esprit de ce qui vous fait du bien, pas de ce qui vous déprime. Cherchez le positif, créez-le. Plus vous vous entourerez de positif, plus vous en attirerez dans votre vie.

CADEAU N° 35

Faites un journal des petits bonheurs

L'un des meilleurs moyens d'attirer encore plus de positif dans notre vie, encore plus d'abondance, c'est d'éprouver de la gratitude pour toutes les belles choses que nous vivons, que nous avons, que nous partageons.

Chaque soir avant d'aller au lit, notez dans un beau cahier (beau parce que vous allez y noter le beau, alors le contenant doit être au moins égal au contenu !) tous les petits bonheurs que vous aurez vécus au cours de la journée. Allez-y généreusement, il n'y a pas de limite. Mais il est possible qu'ici aussi, au début, vous ayez un peu de difficulté à relever tout ce qui vous est arrivé de bon dans la journée, parce que vous êtes peut-être plus habitué à voir le négatif. Persévérez. Au début, même s'il n'y en a que quelques-uns, ce sera déjà ça de pris. Mais plus vous aurez de la constance à vous faire ce cadeau tellement bénéfique, plus vous trouverez chaque soir des raisons d'avoir trouvé la journée belle.

J'avais élaboré cet exercice pour mon plus jeune fils Samuel alors qu'il avait 2 ans et demi et qu'il avait tendance à ne voir que ce qu'il manquait, plutôt que ce qu'il avait. Alors je lui ai acheté un superbe cahier et tous les soirs je m'assoyais sur son lit au moment du dodo, et je lui demandais quels avaient été ses petits bonheurs dans la journée. Au début, il n'y en avait qu'un ou deux : « quand j'ai écouté telle émission » « quand papa a joué avec moi », « quand tu m'as fait ton macaroni au fromage ! » Puis avec le temps, de plus en plus de choses se sont ajoutées. J'écrivais parfois jusqu'à 3 ou 4 pages pleines de petits bonheurs que Samuel avait vécus durant sa journée. Jusqu'au jour où le miracle s'est produit : En pleine journée, il m'a proposé avec grand enthousiasme de faire une activité précise parce que, a-t-il dit, « on va pouvoir la mettre dans le cahier des petits bonheurs ce soir ! » Ce fut très émouvant pour moi, car à ce moment-là, j'ai compris que nous avions réussi à créer du positif dans sa vie. Lui-même recherchait dorénavant les occasions de bonheur et de plaisir pour les inclure à sa liste du soir ! Il choisissait enfin de voir le beau !

Vous verrez, il en sera de même pour vous. La clé, c'est la constance et la persévérance. Plus vous remplirez ce journal des petits bonheurs (ou des gratitudes), plus votre vie s'améliorera.

C'est l'un des secrets du bonheur et de la joie de vivre. Et, partant, de l'estime de soi ! Voici quelques exemples de petits bonheurs :

- Quand un inconnu m'a tenu la porte au centre commercial
- Quand j'ai vu le soleil se lever ce matin
- Quand ma chanson préférée a tourné à la radio
- Quand j'ai reçu un appel d'une amie
- Quand j'ai eu une invitation à dîner
- Quand j'ai ri avec une parfaite inconnue d'une situation saugrenue dont nous avons été témoin
- Quand j'ai enfin pu relaxer après le dîner
- Etc.

Trouvez vos petits bonheurs à vous ! Ils deviendront grands pour vous !

CADEAU N° 36

Célébrez-vous !

Lorsqu'il est question de notre évolution, il n'y a pas de petites victoires. Chacun de vos succès vers le chemin pour apprendre à mieux vous aimer est une grande victoire que vous devriez célébrer ! Nous sommes tellement prompts à nous frapper la tête chaque fois que nous faisons une erreur ou que nous n'apprenons pas quelque chose assez vite. Chaque fois que nous comprenons enfin, nous avons tendance à dire « il était temps » plutôt que de célébrer ce long et difficile apprentissage de la Vie.

Lorsque nous comprenons enfin quelque chose d'important, quand nous dénouons un nœud qui bloquait notre évolution, quand nous renonçons à une situation toxique parce qu'enfin nous nous choisissons, ayons assez d'amour envers nous-mêmes pour célébrer ce pas important dans notre cheminement personnel.

Établissez un rituel pour célébrer chacune de vos victoires, chacun de vos succès, chacune de vos étapes de croissance. Que ce soit par une gâterie, une bouteille de mousseux, un nouveau livre, une jolie babiole, un massage, trouvez quelque chose qui vous fait plaisir et offrez-vous-la ! Soulignez vraiment votre victoire, petite ou grande, par quelque chose qui sort un peu de l'ordinaire. Célébrez-vous avec enthousiasme !

Lorsque vous célébrez vos succès, c'est une belle manière d'exprimer votre gratitude envers la Vie, c'est un pas de plus vers votre estime de nous-mêmes, c'est créer la joie dans votre vie, c'est ajouter de la beauté à ce que vous appréciez déjà. Et c'est aussi envoyer un message clair à l'Univers que vous voulez que ça continue !

Ne soyez pas modeste dans vos célébrations ! Faites-vous vraiment un cadeau pour vous. Si vous en avez envie, invitez ceux que vous aimez à célébrer avec vous et ne laissez personne vous gâcher votre plaisir.

Le bonheur attire le bonheur ! Fêter vos succès, c'est aussi renforcer l'image positive que vous êtes en train de bâtir de vous.

CADEAU N⁰ 37

Fixez-vous des objectifs
réalistes et stimulants

Tous les planificateurs vous le diront : pour atteindre une cible, il faut d'abord la préciser !

Souvent, nous avons des attentes envers la Vie mais elles ne sont pas clairement énoncées : Nous voulons être heureux... mais que signifie être heureux pour nous ? Nous voulons nous réaliser... oui, mais dans quoi, et comment ? Nous voulons vivre nos rêves... oui, mais lesquels ? Quand ? Comment ?

Il ne s'agit pas ici de se bâtir un fichier Excel pour réaliser vos projets ! (Quoique si cela vous aide, alors tant mieux !) Il s'agit plutôt d'être CLAIR sur ce que vous voulez et de vous fixer des échéanciers pour y arriver, pour ne pas que vos projets demeurent flous et errent sans fin, sans se réaliser pleinement.

Par exemple, si vous voulez écrire un livre :

- De quoi voulez-vous parler ?

- Quel pourrait en être le titre provisoire ?

- Pouvez-vous énumérer 10 éléments importants que devra contenir votre livre ?

- Quelles seraient les premières phrases ?

- À quel moment pouvez-vous consacrer du temps pour écrire ?

- De quoi avez-vous besoin pour vous y mettre ?

- Quand commencez-vous ?

- Combien de temps chaque jour ou chaque semaine êtes-vous prêt à y consacrer ?

- Où devrez-vous « couper » pour vous dégager plus de temps pour réaliser votre rêve ?

- Qui pourrait vous aider ?

- Où voulez-vous publier ?

- Quel serait votre public cible ?

- Quels objectifs d'étapes pouvez-vous vous fixer ?

- Que peut-il arriver de pire ?

- De quoi avez-vous peur ?

- Pourquoi ne l'avez-vous pas réalisé jusqu'à maintenant ?

- Vous attendez quoi ? D'avoir quel âge ?

- Qu'est-ce qui vous empêche de commencer maintenant (votre réponse ici est une fausse croyance !) ?

Réfléchir à toutes ces petites choses vous permettra sans doute de réduire les résistances de votre ego à suivre les élans de votre âme. Car c'est bien lui qui vous a retenu jusqu'ici de réaliser votre rêve en vous faisant miroiter tous les faux dangers qu'il y aurait si vous vous y mettiez.

Quel que soit votre projet, votre rêve, installez-vous tranquillement et répondez à ces questions pour libérer la place afin que ce projet ou ce rêve se réalise pleinement.

CADEAU Nᵒ 38

Débusquez vos fausses croyances

Nous nous nourrissons tous de fausses croyances. Nous les portons tous en nous mais nous n'en sommes pas conscients la plupart du temps. Pourtant, toutes nos fausses croyances sont autant d'obstacles à notre bonheur, à la réalisation de ce que nous sommes, à la concrétisation de nos rêves, à la matérialisation de nos projets, à notre estime de soi.

Ce cadeau n'est pas facile, parce qu'il nous demande beaucoup de courage, de lucidité, de conscience et d'authenticité. Mais c'est en y travaillant régulièrement que nous pourrons débusquer nos fausses croyances afin de les remplacer par des pensées plus heureuses, qui nous permettront d'être mieux dans notre vie.

Assoyez-vous avec un calepin ou devant votre ordinateur pour prendre des notes. Quels sont les aspects de votre vie où c'est plus difficile ? Quels discours intérieurs entretenez-vous quand vous pensez à cet aspect ? Notez tout ce qui vous vient à l'esprit. Par exemple, vous avez l'impression que vous êtes à court d'argent. Voici la réflexion que vous pourriez faire :

1. Qu'est-ce que je possède actuellement, quels sont mes biens ?

2. Qu'est-ce que je reçois comme revenu ? D'où provient-il ?

3. Est-ce que je crois que la Vie est abondance ou manque ?

4. Qu'est-ce que je me dis quand je pense à mon manque d'argent ?

   a. Est-ce que j'utilise des mots comme « toujours » et « jamais » ?

   b. Est-ce que je crois que j'ai le droit de vivre dans l'abondance ?

   c. Qu'est-ce que je pense des gens riches ?

   d. Quand je pense à une personne de mon entourage qui est fortunée, qu'est-ce que je ressens ? Qu'est-ce que je me dis ?

e. Qu'est-ce que mes parents m'ont enseigné à propos de l'argent ? Quels mots employaient-ils ?

f. Est-ce que je reconnais que je suis parfaitement capable de bien gagner ma vie ? Si oui, comment ? Sinon, pourquoi ?

g. Quels mots ai-je utilisés la dernière fois que j'ai parlé de mon manque d'argent ?

5. Est-ce que je me conforte dans une position de victime par rapport à ma situation ?

6. Suis-je capable de ne pas en parler pendant une semaine (ceci me permettra de voir si j'utilise mon manque d'argent pour être une victime et obtenir ainsi l'attention des autres) ?

7. Qu'est-ce que je peux faire de différent dès maintenant pour améliorer ma situation ?

8. Comment puis-je changer les mots que j'utilise pour rendre la situation plus positive ?

9. Qu'est-ce que je ferais dès maintenant si je croyais que la Vie est abondance ?

Et ainsi de suite, pour tous les sujets où vous semblez vous limiter. Allez aussi loin que vous le pouvez dans vos questions et vos réflexions. Ne vous sentez pas inconfortable avec vos réponses, elles ne sont que pour vous, pour vous aider à voir ce qui vous bloque. Faites le même exercice avec votre image de vous-même, avec la qualité des relations que vous entretenez avec les autres, avec votre capacité à réaliser vos rêves. Vous serez surpris de tous les discours négatifs que vous tenez dans votre esprit « à votre insu ». Si vous les débusquez, ils perdront de leur pouvoir sur vous et vous gagnerez du pouvoir sur votre vie !

CADEAU N° 39

Lâchez prise sur ce que vous ne pouvez contrôler

Devant toute situation désagréable, nous avons toujours une première question à nous poser : puis-je y changer quelque chose ? Si oui, alors que pouvons-nous faire maintenant ? Sinon, alors il ne nous reste plus qu'à l'accueillir et à « faire avec ».

Toute notre résistance à accepter « ce qui est » est directement la cause de notre souffrance. Si nous ne pouvons rien changer à la situation, aussi dramatique soit-elle, il ne nous reste plus qu'à l'accueillir d'abord puis à l'accepter au final, si nous nous en sentons capables.

Je rencontrais récemment une dame profondément attristée et surtout frustrée par le décès de son mari. Elle ne l'acceptait pas du tout. Son mari avait été atrocement malade pendant 11 ans. « Mais je ne l'accepte pas », me dit-elle ! « Depuis combien de temps est-il décédé ? » lui demandai-je, m'imaginant que le décès devait être tout récent. « 5 ans », me répondit-ellc. « Et je lui en veux d'être parti comme ça, je ne le prends pas, je ne l'accepte pas. Il n'avait pas le droit de me laisser comme ça, nous avions été heureux 36 ans ensemble ! » Et cette dame de m'apprendre du même souffle qu'elle vient d'avoir un diagnostic de cancer.

J'étais profondément attristée de la grande souffrance et de la résistance de cette dame à accepter ce qui est. Je comprends sa peine, je compatis avec elle, mais refuser ce qui est depuis 5 ans lui a gâché sa vie des 5 dernières années. Sa fermeture à envisager la situation d'un autre angle me faisait de la peine pour elle. Que de souffrances à résister à quelque chose qu'elle ne pouvait pas changer !

Personne ne veut souffrir. Mais nous ne décidons pas tout ! Ce qui arrive est ce qui arrive. Si nous pouvons le changer, faisons-le. Si nous ne pouvons pas, vivons nos émotions puis accueillons la situation. Il n'y a pas d'autres options.

Plus vous vous ouvrirez à accepter ce qui est, en faisant confiance à la Vie, moins vous vous ferez souffrir. Vous maintenir dans un état de souffrance est dévastateur pour votre estime de soi. Votre mental ressasse sans cesse les mêmes scénarios qui vous font du mal.

Aimez-vous assez pour ouvrir votre cœur à ce qui est.

CADEAU N° 40

Deux questions importantes

Pour faire de meilleurs choix pour soi, ceux qui nous permettront de développer notre estime de soi, nous devons faire plus de ce qui nous rend heureux et faire moins de ce qui ne nous nourrit pas. L'équation est simple au fond :

1. Quelles sont les choses que vous savez que vous ne devriez pas faire et que vous faites quand même ? Et pourquoi ?

2. Quelles sont les choses que vous sentez que vous devriez faire et que vous ne faites pas ? Et pourquoi ?

Avez-vous remarqué que souvent nous sommes le pire obstacle sur notre propre chemin ? Nous négligeons de faire ce que nous savons qu'il serait bon pour nous de faire et nous continuons de faire ce qui nous nuit, ce qui nous gruge du temps, ce qui est futile et qui ne collabore pas à notre pleine réalisation. Nous nous autosabotons par manque d'estime de nous-mêmes, par peur du succès et de l'échec, par peur des « qu'en-dira-t-on ».

Revoyez tout ce que vous faites dans votre semaine. Combien d'heures passez-vous sur les réseaux sociaux ? À écouter la télé ? À envoyer des messages ? À faire des choses qui ne vous apportent pas grand-chose ? Et combien de temps consacrez-vous chaque semaine à la réalisation de votre rêve ? À quelque chose qui vous fait vibrer ? À votre cheminement personnel ? À quelque chose qui vous rend vraiment heureux ?

Un des exercices simples en gestion du temps est de noter chaque jour, chaque heure, ce que nous faisons, de quelle manière nous occupons cette heure. Faites cet exercice pendant une semaine en étant le plus honnête possible. À la fin de chaque jour et à la fin de la semaine, faites le total de chaque colonne. Voyez combien de temps vous avez passé à faire des choses qui vous nourrissent peu. Remplissez ce formulaire en y ajoutant les colonnes et les lignes suffisantes pour noter ce que vous faites de votre lever à votre coucher.

Exemple de feuille de gestion de temps

Jour/Date : _____(une feuille par jour)

Heure	DÉTAILS	Téléphones	Réseaux sociaux	Messages	Télévision	Internet	Travail	Ménage	Obligations familiales	Activités sociales	Actions vers mon rêve
6h00-7h00	Exemple		30 m	10 m				10 m	10 m		
7h00-8h00											
Etc.											

Que pouvez-vous réduire comme pertes de temps dès maintenant ? Alors faites-le ! Et remplacez ces activités futiles par quelque chose qui vous tient vraiment à cœur et qui vous rend heureux.

CADEAU N° 41

Revenez vers le positif

Si vous avez pris la mauvaise habitude d'être dur envers vous-même et de vous traiter de toutes sortes de noms, comme dans le cadeau n° 2, nous allons réapprendre à votre cerveau et à votre ego à mieux vous traiter en défaisant cette mauvaise habitude.

Observez pendant quelques jours quelles phrases vous vous dites lorsque vous vous êtes trompé, que vous perdez quelque chose ou que votre petit hamster dans votre tête s'emballe à propos de tout et de rien et vous présente des scénarios négatifs. Notez ces mots et ces phrases au fur et à mesure sur une feuille de papier ou dans votre téléphone intelligent.

Lorsque vous aurez noté plusieurs de ces mots qui tuent, prenez une feuille de papier ; dans la première colonne, inscrivez les petites phrases assassines, dans la deuxième colonne, les petites phrases d'Amour pour retrouver l'équilibre.

Par exemple

Les mots qui tuent	Les mots d'amour envers moi pour remplacer
Je me perds tout le temps	Bon, je me suis perdu en chemin, mais quelle chance ! Ça m'a permis de découvrir un nouveau quartier ! C'est chouette ici ! Je suis contente d'avoir découvert cela !
Je ne suis bonne à rien	Je suis bonne dans plein de choses et en apprentissage dans d'autres choses, alors c'est normal que je me trompe parfois. Je trouve que je m'améliore chaque fois !
Qu'est-ce que je suis bête !	Qu'est-ce que je suis drôle ! C'est comique ce trait de caractère chez moi qui me fait voir les choses autrement !
Je n'y arriverai jamais	Oh quel beau défi ! Youpi, je vais sortir de ma zone de confort et je vais agrandir mon champ de compétences !

Complétez les deux colonnes de votre liste. À mettre sur le frigo, dans la salle de bain et dans tous les endroits où vous allez au moins une fois dans la journée. Lisez-les chaque fois que vous manquerez d'amour envers vous.

Le cerveau apprend ainsi à créer de nouveaux chemins pavés d'Amour pour VOUS. Vous verrez que vous en arriverez rapidement à vous reprendre vous-même chaque fois que vous utiliserez des mots négatifs pour les remplacer par les bons mots !

CADEAU N° 42

Ayez la conscience tranquille

Il est si difficile de bien dormir quand nous n'avons pas la conscience tranquille ! Nous ruminons le mensonge que nous avons dit, la gaffe que nous avons faite, la remarque désobligeante qui nous a échappé, l'erreur que nous n'avons pas osé réparer sur-le-champ. Nous nous sentons mal, parfois nous avons honte, nous nous cherchons des excuses pour nous mentir à nous-mêmes plutôt que d'assumer nos responsabilités et les conséquences de nos gestes et de nos paroles.

Nous avons menti à quelqu'un que nous aimons ? Allons nous excuser et rétablissons les faits.

Nous avons fait une gaffe ? Réparons-la en limitant les dégâts.

Nos paroles ont dépassé notre pensée ? Demandons pardon sincèrement auprès de la personne que nous avons blessée.

Nous avons laissé passer une erreur que nous aurions pu corriger plus tôt ? Il n'est jamais trop tard pour réparer ce que nous savons ne pas avoir bien fait.

Nous sommes en amour avec quelqu'un, mais nous n'osons pas le dire ? Alors osons nous exprimer doucement et avec respect sur nos sentiments. Nous aurons le cœur net quant aux sentiments de l'autre personne.

Nous n'aimons plus notre partenaire de vie ? Alors cessons de jouer la comédie et disons-le avec le plus d'amour possible.

Faites de votre mieux en tout temps. Assurez-vous que vos paroles soient énoncées avec amour en tout temps. Apprenez à maîtriser vos réactions intempestives. Réparez ce que vous savez avoir brisé ou n'avoir pas fait correctement.

Assurez-vous d'avoir toujours des intentions bienveillantes. Envers vous et envers les autres.

Avoir la conscience tranquille, ça n'a pas de prix. Pouvoir dormir sur nos deux oreilles et pouvoir se regarder dans le miroir sans être tenté de se fuir procure un sentiment de liberté et d'estime de soi, de respect de soi et de fierté bien légitime.

Ce qui mérite d'être fait mérite d'être bien fait et ce qui mérite d'être dit mérite d'être bien dit, au nom de l'Amour.

CADEAU N° 43

Vivez dans le moment présent

Vivre dans le moment présent est l'une des clés les plus importantes pour vivre heureux. C'est seulement dans le moment présent que nous pouvons construire notre estime de soi. Jamais à partir du passé ni du futur !

Si nous prêtons attention à tout ce qu'il y a autour de nous à cet instant précis, en toute conscience, nous pourrons sentir et observer les couleurs qui nous entourent, les textures, l'air que nous respirons, les objets dans notre champ de vision, les battements de notre cœur, notre propre respiration, la sensation des vêtements sur notre peau…

En ramenant constamment notre attention au moment présent, nous évitons de vivre dans la nostalgie ou la souffrance du passé, ce passé qui n'existe plus ! Et nous évitons de nous projeter anxieusement dans un futur qui n'existe pas encore.

En restant concentrés sur l'ici, maintenant, dans le moment présent, nous nous rendons compte que rien ne peut détruire notre estime de soi, puisque nous l'habitons toute entière dans le moment présent. Ce que les autres nous ont dit ou fait, cela fait partie du passé. Sur ce que les autres pourraient dire ou faire, cela fait partie du futur et du conditionnel.

Ici dans le moment présent, vous pouvez prendre soin de votre estime de soi en reconnaissant vos qualités, en vous félicitant de pouvoir rester concentrés et en faisant des choix qui vous rendent heureux maintenant.

Alors prenez quelques minutes par jour, tous les jours, et observez autour de vous tout ce qui s'y trouve, en faisant taire vos pensées qui vous amènent ailleurs, dans le passé ou dans le futur. Ramenez votre esprit constamment au moment présent. Au début, vous aurez peut-être de la difficulté à tenir plus de quelques secondes. Mais avec de la pratique, vous arriverez à le faire quelques minutes par jour.

Vous constaterez qu'il est beaucoup plus facile de s'aimer dans le moment présent qu'en toutes autres circonstances !

CADEAU N° 44

Donnez-vous l'approbation que vous cherchez chez les autres

Avez-vous remarqué que plus vous cherchez l'approbation et la reconnaissance de la part des autres, moins vous l'obtenez ?

Ceci s'explique notamment par le fait que l'approbation et la reconnaissance sont des formes de respect qu'on ne peut quémander de la part des autres puisqu'ils doivent naître d'un élan spontané et sincère. Les quêter ne mènera toujours qu'à plus de frustration pour nous.

Mais il existe une solution pour ne plus quêter ces marques de reconnaissance : c'est de vous donner vous-même l'approbation et la reconnaissance que vous attendez tant de la part des autres.

Pour cela, il faut pouvoir vous arrêter et identifier votre besoin en ce moment : êtes-vous fier du travail accompli ? Alors reconnaissez-le et félicitez-vous pour vos efforts. Célébrez-vous si vous pouvez.

Vous hésitez à prendre une décision et vous souhaiteriez que l'on vous dise quoi faire ou que l'on vous sanctionne dans votre choix ? Qu'est-ce que votre petite voix intérieure vous dit ? Si vous faites le silence en vous et que vous posez la question sur la meilleure décision à prendre, quelle est la première réponse qui monte spontanément ? C'est elle qu'il faut écouter.

Les autres réponses qui monteront ensuite commenceront toutes par des « oui, mais »... ce sont les réponses que vos peurs vous dictent. Généralement, il vaut mieux ne pas les écouter ! Ne les ignorez pas, puisqu'elles peuvent être utiles, mais ne les laissez pas décider à votre place ! Écoutez votre cœur, lui seul pourra vous donner l'approbation dont vous avez besoin.

Ainsi, vous ne serez plus en quête du regard de l'autre pour vous donner le droit d'exister pleinement, puisque vous serez votre propre référence.

CADEAU N° 45

Luttez contre le perfectionnisme

L'un des pires obstacles au bonheur et à l'estime de soi est le perfectionnisme !

Cette recherche éperdue de la perfection dans ses moindres détails, que ce soit au travail ou dans la vie quotidienne, est une course perdue d'avance qui ne fera que vous épuiser et vous éloigner de votre objectif de bonheur et de bien-être.

Personne n'a jamais réussi à être parfait ! Vouloir tout faire parfaitement implique un énorme besoin de contrôler les choses et les gens pour que tout soit parfait... à notre manière ! Mais la perfection n'existe pas, pas telle que nous l'entendons.

Personne ne vous demande d'être parfait. Alors vous cherchez à l'être pour quoi ? Qui vous demande ça ?

Apprendre à se satisfaire de quelque chose de bien fait mais d'imparfait est un énorme soulagement dans la vie des gens perfectionnistes. Cela ne vient pas du jour au lendemain. Il faut habituer son cerveau à accepter les choses non parfaites.

Ainsi, pour aider votre ego à se débarrasser de ce trait de caractère proche du tyran, faites volontairement des choses qui ne sont pas parfaites : ne faites pas votre lit avant de partir travailler, ne ramassez pas votre vaisselle tout de suite, ne frottez pas votre véhicule pour qu'il soit impeccable, ne passez pas l'aspirateur 2 fois par jour ! Acceptez que les choses soient imparfaites. Au début, vous serez vraiment inconfortables avec cet exercice. Votre ego le refusera sans doute ! Mais si vous le faites un peu chaque jour, vous verrez que la perfection prendra de moins en moins d'importance dans votre vie et que vous pourrez recevoir vos amis à souper sans avoir fait le ménage de la maison de la cave au grenier !

Identifiez ce qui est le plus important dans vos valeurs : passer du bon temps avec vos amis, ou tout faire pour que tout soit parfaitement manucuré, même si vous deviez pour cela vous épuiser à l'ouvrage ? Relisez le cadeau n° 11.

Qu'est-ce qui est le plus important dans votre vie ? La perfection ou les relations humaines ? La perfection ou le plaisir ? La perfection ou l'Amour ?

CADEAU N° 46

Apprenez à demander ce que vous voulez

Lorsque notre estime de soi est peu développée, nous pouvons éprouver beaucoup de difficulté à demander des choses ou de l'aide pour nous-mêmes. Nous sommes à l'aise de demander si c'est pour quelqu'un d'autre, mais si c'est pour nous, alors nous n'osons pas, de peur de déranger ou d'être perçus comme quelqu'un de trop « demandant » !

En ne demandant pas, nous sommes sûrs d'obtenir un non pour réponse, car comment l'autre pourrait-il deviner ce dont nous avons besoin ? Par contre, si nous osons demander, alors nous avons au moins 50 % des chances d'obtenir un oui comme réponse !

Vous pouvez commencer par demander de petites choses aux gens que vous connaissez moins. Par exemple, vous pourriez demander plus d'explications au formateur quand vous ne comprenez pas. Vous pourriez demander de l'aide pour mettre vos paquets dans l'auto si ceux-ci sont trop lourds. Vous pourriez demander de l'aide à votre collègue pour comprendre une nouvelle directive.

Pour vous pratiquer, vous pouvez écrire sur papier vos demandes, de manière à voir comment vous pouvez formuler le tout simplement et clairement. Ne diluez pas votre demande sous une montagne d'explications, de justifications ou de promesses de retourner l'ascenseur. Simplifiez votre demande le plus possible. Faites une demande claire, simple, polie : « est-ce que tu pourrais venir m'aider à déplacer mes meubles ce week-end ? Pourrais-tu garder mes enfants vendredi soir s'il te plaît ? »

Pour vous qui rendez toujours service aux autres, vous savez que vous n'avez pas besoin que l'on vous explique en long et en large pourquoi on vous demande de l'aide. Vous acceptez souvent spontanément. Il en est ainsi pour bien des gens. La plupart sont heureux de rendre service. Et dans le cas de ceux qui vous diront toujours non, vous saurez alors sur qui vous pouvez compter ou pas lorsque vous avez besoin d'aide. En même temps, ils vous enseignent qu'il est possible de dire non !

Demander ce dont vous avez besoin est une belle manière d'apprendre à vous respecter et à vous aimer.

Arrêtez de vouloir tout faire tout seul pour ne déranger personne. Le monde est une communauté où l'entraide devrait exister à tous les niveaux. Contribuez à la créer en demandant, depuis le temps que vous donnez !

CADEAU N° 47

Acceptez de recevoir de l'aide

Pour vous qui donnez depuis fort longtemps, accepter de recevoir de l'aide peut être tout un défi !

Si vous avez réussi à déballer le cadeau précédent et à faire vos demandes clairement, il faut maintenant vous ouvrir au fait d'accepter que les autres vous disent oui ! Pire, ils pourraient même vous offrir de l'aide sans que vous l'ayez demandée ! Ce n'est pas le temps de dire non !

Accepter de l'aide est souvent difficile pour les gens qui donnent beaucoup. Le fait est qu'en donnant, nous gardons le haut du pavé, nous sommes, inconsciemment peut-être mais c'est quand même la réalité, en position de pouvoir, parce lorsque nous donnons, nous ne devons rien à personne, nous nous sentons bien, parfois même puissants. Cela modifie notre rapport de force à l'autre.

Tandis que lorsque quelqu'un nous aide, nous sommes inconfortables parce que nous avons l'IMPRESSION que nous sommes en dette envers l'autre, que nous devons lui rendre la pareille, que l'autre a de l'ascendant sur nous.

Pourtant, il n'en est rien au point de vue spirituel. Nous donnons et nous recevons, comme la nature, comme la Vie elle-même. Accepter l'aide des autres est un important apprentissage à faire : apprendre à se faire aider, sans culpabilité, sans sentiment de dette, sans impression de faire pitié, apprendre à recevoir parce que donner et recevoir sont des gestes d'amour. Et si malheureusement certains les travestissent à leurs fins personnelles, il ne faut pas croire que toutes les personnes sont comme ça.

Accepter l'aide d'autrui, ça signifie accepter l'abondance de la Vie dans notre vie, la générosité de l'Amour, la chaleur de l'amitié, toutes des choses que nous souhaitons. Alors arrêtons de dire non lorsque la Vie nous comble !

La prochaine fois que l'on vous offrira de l'aide, accueillez le don simplement et dites merci ! Vous créerez ainsi en vous l'espace nécessaire pour recevoir tous les cadeaux de la Vie !

CADEAU N° 48

Soyez votre meilleur ami

Quand notre meilleur ami a de la peine, nous sommes prompts à le consoler, à trouver les bons mots pour le réconforter. Nous ne le traitons pas de faible !

Quand il a peur, nous l'encourageons, nous l'accompagnons, nous le rassurons. Nous ne le traitons pas de lâche !

Si notre ami se sent menacé, nous le défendons bec et ongles et jamais il ne nous viendrait à l'idée de le laisser tomber dans une pareille circonstance.

Quand il fait une erreur, nous ne le jugeons pas : nous lui disons plutôt que ce n'est pas grave et que tout va s'améliorer. S'il connaît ce qui semble être un échec, nous ne sommes pas en train de lui crier des noms ! Nous l'appuyons, l'aidons à s'en sortir, lui offrons un gîte, l'hospitalité et surtout notre soutien indéfectible.

Alors, pourquoi sommes-nous si durs envers nous-mêmes lorsque c'est nous qui vivons l'une ou l'autre de ces situations ? Pourquoi nous jugeons-nous ? Pourquoi avons-nous la certitude de ne pas être une bonne personne ? Nous sommes bien trop souvent notre pire ennemi !

D'ailleurs, si notre ami nous traitait de la même manière que nous nous traitons, il y a longtemps que nous aurions mis fin à cette relation destructrice !

Nous sommes le seul ami que nous allons avoir pour toute la vie ! Alors vaut mieux nous traiter comme notre meilleur ami !

La prochaine fois que vous vous surprendrez à vous injurier, à vous juger, à être dur envers vous-même, rappelez-vous que vous êtes en train de parler à votre meilleur ami ! Que lui diriez-vous ?

Apprenez à vous traiter aussi bien que vous traitez votre meilleur ami. Soyez votre meilleur ami !

CADEAU N° 49

Débarrassez-vous de la honte

La honte est un sentiment épouvantable qui agit comme un boulet lourd et immuable sur le chemin de notre estime de soi.

C'est une émotion qui nous a été enseignée tôt par des adultes qui, sans doute, croyaient bien faire en utilisant ce levier pour mieux nous contrôler. Mais nous ne sommes plus des enfants aujourd'hui. Et pourtant, nous traînons la honte comme un fardeau qui nous écrase et qui nous détruit.

Nous n'avons pas à avoir honte de quoi que ce soit, puisque nous avons fait de notre mieux. Aujourd'hui, nous sommes tentés de dire : « j'aurais pu faire mieux ». Mais au moment des événements qui nous font honte, nous ne pouvions pas faire mieux : nous avons fait notre possible avec ce que nous étions à ce moment-là !

Aujourd'hui, votre cadeau sera de vous libérer de tout sentiment de honte que vous puissiez traîner encore dans votre vie actuelle.

Faites la liste des événements pour lesquels vous éprouvez un sentiment de honte. Maintenant, au lieu de vous mettre comme personnage principal de ces événements, réécrivez l'événement en y mettant le nom de la personne que vous aimez le plus en ce moment et refaites la lecture de ces événements comme si c'était la personne que vous aimez le plus qui les vivait. Comment vous sentez-vous ? Qu'avez-vous envie de dire à cette personne pour la rassurer, pour la consoler, pour l'appuyer ?

Vous voyez comment vous ne jugez pas cette personne que vous aimez, mais que vous avez envie de la prendre dans vos bras quand c'est elle qui, fictivement, vit les mêmes événements ? Vous avez une nouvelle compréhension de ce qui s'est passé, vous pouvez sans doute dédramatiser la situation qui vous faisait honte et vous pouvez ouvrir votre cœur à l'expérience, sachant que tout est parfait.

Aimez-vous à travers ces événements. Aimez-vous complètement, comme vous venez de le faire avec la personne que vous aimez le plus. Pardonnez-vous, pardonnez aux autres dans ces histoires et rappelez-vous qu'il y a un **cadeau** derrière celles-ci.

Si vous pouvez le trouver, alors votre guérison sera complète face à ces événements. Vous êtes une merveilleuse personne, ne l'oubliez plus. Nous faisons toujours de notre mieux, même quand nous avons l'impression de nous tromper. Nous apprenons !

CADEAU N° 50

Soyez moins sérieux, amusez-vous plus souvent

Nous avons tendance à nous prendre parfois un peu trop au sérieux !

Parce que nous cherchons à évoluer, à avancer, à devenir une meilleure personne, à corriger nos imperfections, à faire attention à nos pensées, nos gestes et nos paroles, nous perdons de vue que nous n'avons pas besoin d'être si sérieux pour être spirituels !

Si nous nous prenons trop au sérieux, nous créerons de la rigidité en nous, du contrôle inapproprié, du jugement quand nous ne le serons pas suffisamment, ou quand les autres ne le seront pas, selon nos critères inflexibles.

La Vie ne nous demande pas d'être sérieux tout le temps. Même la Vie a le sens de l'humour alors pourquoi nous en priverions-nous ?

Mettons plutôt de la joie dans notre quotidien, renouons avec notre cœur d'enfant, amusons-nous tout en restant dans l'Amour !

Il n'y a rien de mal à rire, à faire des blagues, à avoir du plaisir, à être taquin et à faire rire les autres : ça aussi, cela fait partie du chemin spirituel.

Vivre, c'est aussi s'amuser et avoir du plaisir, comme un enfant !

Il est dit qu'une journée sans rire est une journée perdue ! Assurez-vous de rire et de vous amuser chaque jour. Parfois, quand je voyais l'un de mes fils plus morose ou préoccupé, je lui proposais d'écouter ensemble une comédie à la télé ou au cinéma, ou de jouer ensemble. Ça fonctionnait chaque fois !

Nous avons tous un ou une amie qui nous fait toujours rire : appelons-la si nous sentons que nous nous prenons trop au sérieux ! Sautons sur un trampoline, allons dans les balançoires, nageons : tout ce qui éveille notre cœur d'enfant est de nature à agrandir notre cœur. Ce qui nous fait du bien est toujours bon pour notre estime de soi !

CADEAU N° 51

Acceptez de recevoir

C'est curieux que nous demandions beaucoup à la Vie mais qu'au moment de recevoir, nous hésitions tant à accepter !

Nous donnons souvent sans compter aux autres, nous nous oublions même pour donner encore plus et pourtant quand les autres veulent nous donner à leur tour, nous nous sentons indignes d'accepter !

Pourtant, il nous est impossible de donner pleinement à cœur ouvert tant que nous n'acceptons pas de recevoir pleinement à cœur ouvert.

Accepter de recevoir demande de l'humilité, tandis que donner aux autres nous donne l'illusion que nous sommes en contrôle, que nous sommes puissants puisque nous avons le pouvoir d'aider les autres. Lorsque ce sont les autres qui veulent nous donner, nous avons peur de nous montrer vulnérables, redevables, petits. Et pourtant c'est en accueillant les offres qui nous sont proposées que nous montrerons véritablement notre grandeur d'âme, c'est en acceptant de recevoir autant que de donner que nous prouvons que nous sommes prêts pour des relations égalitaires avec les autres. C'est en acceptant ce que la Vie nous propose que nous disons oui à plus d'abondance, plus de bonheur, plus de joie et plus d'amour dans notre vie.

Alors pratiquez-vous à recevoir : développez ce merveilleux muscle de l'humilité et de l'accueil qui vous fera dire « oui merci » lorsque viendra le temps de recevoir de la part des autres ou de la Vie.

Quelle que soit la prochaine proposition d'aide ou de cadeau que vous recevrez, dites « Oui merci ! », plutôt que « Non, non merci » ou le fameux « Tu n'aurais pas dû ! »

Accueillez le cœur ouvert, la main sur le cœur. Vous enverrez ainsi un puissant message à la Vie que vous êtes enfin prêt à recevoir, vous qui donnez depuis si longtemps.

Accueillez, acceptez, faites l'expérience le plus souvent possible d'accepter l'aide et les cadeaux ! Vous développerez plus d'humilité et surtout plus de reconnaissance, deux merveilleux sentiments qui mettent votre cœur en paix.

Vous continuerez à donner avec d'autant plus d'amour que vous accepterez de recevoir le cœur ouvert. Vous verrez votre Vie changer pour le mieux. Et puis, vous vous aimerez davantage !

CADEAU N° 52

Accueillez vos erreurs

Nous faisons tous des erreurs dans notre vie. Du moins le croyons-nous ! Mais toutes nos erreurs font partie de notre bagage d'expériences ! Toutes, sans exception.

Ainsi, chacune de ces expériences nous a permis d'en tirer une leçon. Chacune de nos futures « erreurs » nous permettra d'en apprendre plus sur nous-mêmes et de devenir une meilleure personne. Une fois que nous avons bien intégré ce concept, notre peur de faire des erreurs s'en trouve considérablement réduite ! Et nous ne dramatisons plus autant si jamais nous errons à nouveau.

Divisez une page en deux colonnes. Sur la colonne de gauche, dressez la liste des décisions et des événements de votre vie qui vous sont apparues comme autant d'erreurs au moment où vous les viviez. Sur la colonne de droite, trouvez ce que cette expérience vous a permis d'apprendre. Qu'est-ce que ce que chacune vous a permis de réajuster dans votre vie ? Quelle qualité avez-vous développée suite à cette expérience ?

Complétez l'exercice pour toutes les choses que vous considérez encore comme des erreurs ou pour tous les regrets que vous pourriez encore entretenir. Vous verrez qu'aucune expérience n'est inutile. Chacune nous fait grandir. Si vous avez plus de difficulté avec l'une ou l'autre de ces erreurs, demandez à quelqu'un en qui vous avez confiance de vous aider à trouver ce que cette expérience vous a enseigné.

Pour compléter l'exercice, remerciez chacune de ces expériences d'avoir fait partie de votre vie : chacune vous a permis de devenir qui vous êtes aujourd'hui.

Ensuite, accueillez-vous et félicitez-vous d'avoir su grandir à travers celles-ci. Pardonnez-vous tout ressentiment qui pourrait encore subsister.

Soyez indulgent envers vous-même lorsque vous commettez des erreurs : vous êtes en train de vivre une expérience d'apprentissage, ce n'est pas une erreur ! Vous êtes en train de vous améliorer !

Dans la Vie, rien n'est inutile : tout est toujours dans notre vie pour nous permettre de devenir une meilleure personne. Même ce que nous considérons comme des erreurs !

CADEAU N° 53

Faites chaque matin le choix conscient d'être heureux en ce jour

Avez-vous remarqué à quel point nous fonctionnons souvent comme des automates, peu conscients de nos humeurs, de nos sentis, de notre disposition d'esprit ?

Si vous êtes du genre à vous lever en bougonnant, à écouter la radio qui râle contre le gouvernement, la météo, les nouvelles déprimantes, si vous vous énervez après les enfants pour qu'ils soient prêts à temps pour aller à l'école et que vous courez dès votre sortie du lit, vous conviendrez avec moi qu'il y a sûrement une meilleure façon de commencer la journée !

S'il le faut, levez-vous 15 minutes plus tôt demain pour mieux prendre le temps de commencer votre journée. Prenez le temps de vous regarder dans le miroir, dans les yeux, et de vous dire que vous vous aimez, tel que vous êtes. Prenez le temps de prendre une douche qui vous fera du bien : pendant que vous sentirez l'eau chaude couler sur votre corps, prenez la décision qu'aujourd'hui vous serez heureux, quoi qu'il arrive. Aujourd'hui seulement, vous aborderez toutes les situations avec calme et bonne humeur. S'il le faut, renouvelez cet engagement envers vous-même une heure à la fois, tout au long de la journée.

Être heureux, quoi qu'on en dise, c'est un choix quotidien. Nous ne pouvons être heureux que dans le moment présent. Pas quand nous aurons un meilleur emploi, quand nous finances iront mieux ou quand nous aurons rencontré l'amour de notre vie. Non, nous ne pouvons qu'être heureux ici maintenant, au moment exact où notre conscience se dépose.

En faisant consciemment le choix d'être heureux chaque matin, en écoutant de la musique qui nous fait du bien en commençant notre journée ou en demeurant dans le silence, en nous accordant plus de temps pour nous préparer avec plus de calme, nous nous donnons les moyens de faciliter les conditions importantes pour notre bonheur : nous nous donnons le temps d'être présents à nous, à la Vie, avec plus de calme et plus d'Amour.

Au cours de la journée, répétez-vous chaque fois que c'est nécessaire : « En ce moment, je fais le choix d'être heureux aujourd'hui. »

Bien entendu, il ne s'agit pas de faire de la pensée magique ! Il s'agit de refaire le choix conscient, chaque fois que c'est nécessaire, d'opter pour une attitude ouverte plutôt que belliqueuse, pour la patience plutôt que l'irritation, pour la confiance plutôt que la méfiance, pour l'humour plutôt que le drame.

Ce cadeau répété tous les jours deviendra votre plus beau cadeau ! Car choisir d'être heureux aujourd'hui, c'est VOUS choisir, c'est choisir de changer votre vie pour le mieux, un moment à la fois. Et c'est aussi faire la place à la Vie pour vous amener plus de bonheur dans le quotidien.

CADEAU N° 54

Ne tolérez rien au nom de la sécurité

Ne restez pas dans un emploi ou dans une relation pour une question de sécurité seulement !

Tant de fois, nous hésitons à prendre les décisions que notre âme nous incite à prendre parce que nous avons peur de perdre notre sécurité. Et pourtant, LA SÉCURITÉ, ÇA N'EXISTE PAS !

Non, la sécurité n'existe pas parce que nous n'avons aucun contrôle sur elle ! La sécurité est une illusion ! Même si vous croyez avoir une sécurité d'emploi, rien ne vous garantit que vous ne perdrez pas votre emploi, soit parce qu'il y aura des coupures de postes chez votre employeur, soit parce que vous tomberez malade ou que l'un de vos proches aura besoin de vos soins quotidiens.

Si vous êtes dans une union malheureuse mais que vous y restez « parce que ça fait 25 ans que nous sommes ensemble et que ça ne vaut pas le coup de recommencer ailleurs », vous vous mentez à vous-même pour une question de fausse sécurité si vous n'y êtes plus heureux depuis longtemps.

Au nom d'une fausse sécurité, nous tolérons souvent trop longtemps une vie que nous n'apprécions plus, un emploi ennuyant qui nous abrutit, une relation destructrice ou tellement vide d'amour que nous nous y éteignons.

VOUS VALEZ PLUS QUE TOUTE FAUSSE SÉCURITÉ !

Votre bonheur est plus important que votre chèque de paye actuel. Votre épanouissement personnel et professionnel a plus de valeur que vos conditions salariales. Votre bonheur personnel a plus d'importance que la maison que vous habitez, que le standing que vous maintenez au prix de tant d'efforts épuisants ou que la relation qui survit à peine sur le respirateur artificiel !

Vous choisir prime sur toute autre situation. Tant que vous êtes bien dans une situation, un emploi, une relation, alors sachez apprécier le tout et soyez reconnaissants de vivre en harmonie avec ce que vous êtes.

Mais comme toute chose évolue et que vous évoluez aussi, il est possible que ce qui vous a déjà rendus heureux ne soit plus que l'ombre de lui-même et que vous deviez reconsidérer certains choix de vie importants.

Tous vos choix devraient toujours vous mener vers plus de bonheur, pas plus de sécurité. Certains passages sont difficiles, mais s'ils vous permettent de plus grandes possibilités de bonheur, alors ces routes devaient être envisagées pour vous ramener sur le chemin de l'Amour de soi.

S'il y a des situations dans votre vie actuelle qui vous pèsent, que pouvez faire pour les améliorer ? Et si c'est impossible de les améliorer, quelle décision pourriez-vous prendre si vous n'aviez peur de rien ? Alors, faites-le ! Par amour pour vous.

CADEAU N° 55

Vous méritez mieux que ce que vous croyez

Bien des phrases que l'on nous a rabâchées étant jeunes influencent encore notre vie à l'âge adulte :

- Ne te prends pas pour un autre !
- Arrête de te penser bon !
- On est nés pour un p'tit pain !
- Ne prends pas trop de place !
- Contente-toi donc de ce que tu as
- Ne demande rien !
- Sois gentil, poli, bien élevé, ne réplique pas, ne te fâche pas, etc.

Conséquemment, beaucoup d'entre nous avons été éduqués avec la notion que nous ne valons pas grand-chose et que nous devons nous contenter de peu.

Bien sûr, apprécier le peu que l'on a est une magnifique forme de reconnaissance envers la Vie. Nous ne sommes pas obligés d'en vouloir plus ou d'en avoir plus pour être heureux.

Par contre, croire que nous ne valons pas plus que ce que nous avons en ce moment est un frein nuisible à notre chemin d'évolution.

Pouvez-vous repérer quelles phrases et quelles fausses croyances vous ont été inculquées dès votre enfance ? En les identifiant, il vous sera plus facile de vous en défaire en les réécrivant d'une manière qui vous apportera plus d'abondance à tous les niveaux.

Ne vous réduisez jamais pour plaire aux autres. Ne limitez jamais votre potentiel, votre talent, pour ne pas faire ombrage à ceux que vous aimez. Ne retenez plus les élans de votre âme qui cherche par tous les moyens à vous guider vers votre mission de vie, souvent beaucoup plus grande que ce que vous croyez.

Que croyez-vous mériter dans votre vie en ce moment ? Regardez les zones de votre vie qui vont bien et celles qui vont moins bien. Dans ces dernières, quelle est la fausse croyance qui vous empêche d'aller plus loin, de prendre plus d'expansion, de connaître plus d'abondance en ce domaine ?

Par exemple, si vous manquez d'argent, quelles phrases vos parents utilisaient-ils quand vous étiez jeunes ? Avez-vous adopté les mêmes croyances que vos parents ? Avec quelles phrases et quelles croyances positives, plus en lien avec ce que vous voulez vraiment, pouvez-vous les remplacer dès maintenant ?

Faites ainsi pour chaque aspect de votre vie que vous souhaitez voir s'améliorer : démystifier la fausse croyance et remplacez-la par une croyance au potentiel illimité ! Et croyez-y, car vous valez beaucoup plus que ce que vous croyez mériter !

CADEAU N° 56

Débarrassez-vous du syndrome de l'imposteur

Dans le même registre que le cadeau précédent, le syndrome de l'imposteur est le grand saboteur de notre estime de soi !

Alors que nous connaissons du succès dans un ou plusieurs des aspects de notre vie, beaucoup d'entre nous avons l'impression de ne pas mériter autant. Nous craignons que les autres découvrent que nous ne sommes pas si bons que ça, en fait, qu'un jour certains découvriront que nous sommes un imposteur et que nous ne sommes pas à la hauteur de ce que les autres attendent de nous. Ce syndrome de l'imposteur est comme un petit moustique qui nous tourne autour et qui nous empêche de savourer le moment présent sans nous laisser de repos !

Sortez votre tue-mouches ! Nous allons nous en débarrasser !

Le syndrome de l'imposteur, nous l'avons probablement tous connu un jour ou l'autre. C'est la petite voix de notre ego qui a peur de ne pas être assez bon, qui voudrait être parfait, qui craint plus que tout le jugement des autres, qui ne veut pas se faire prendre à faire une erreur et qui panique juste à l'idée que d'autres peuvent être meilleurs que lui !

Si la Vie nous gratifie de nos succès, c'est que nous les méritons. C'est que nous sommes ASSEZ bons, c'est que nous avons quelque chose d'unique à apporter dans ce monde.

Cette attitude de peur de ne pas être à la hauteur est aussi reliée à notre aptitude à recevoir. Plus nous sommes inconfortables avec le fait de recevoir, plus nous avons l'impression que nous ne méritons pas de recevoir autant.

Tout ce qui est dans notre vie en ce moment est bon pour nous. La Vie nous gratifie toujours de ce dont nous avons besoin à chaque instant.

Vos succès, vous ne les avez pas volés : ils sont à vous ! Accueillez-les, chérissez-les, acceptez-les ! Un bon truc pour faire disparaître le syndrome de l'imposteur est de se célébrer !

Soulignez chacun de vos succès, petits et grands, de la manière qui vous fait du bien !

Fêtez-vous chaque fois que vous réussissez quelque chose. Vous envoyez ainsi un message clair à l'univers que vous acceptez vos succès et que vous en êtes fier, même si au début, cela peut sonner faux pour vous. Au contraire, ayez l'humilité de reconnaître que vous êtes vraiment génial dans ce que vous faites et soulignez-le en vous félicitant. Il n'est pas nécessaire de réunir tous vos amis pour ce faire si vous ne le sentez pas. Une ou deux personnes significatives peuvent être invitées à fêter avec vous. Ou mieux encore, fêtez-vous vous-même !

Le jour où vous aurez du plaisir à célébrer vous-même vos succès, sans avoir besoin de gens pour vous cautionner, vous saurez que votre syndrome de l'imposteur a disparu ! Ce qui vous donnera une autre occasion de célébrer !

CADEAU N° 57

Montrez à votre ego qui dirige !

Notre ego prend beaucoup de place dans notre vie, mais souvent à notre insu !

Ainsi, c'est lui qui nous fait nous comparer aux autres, c'est lui qui nous fait réagir quand on reçoit une remarque, c'est lui qui embrouille plusieurs de nos relations. Il est aussi présent quand :

- nous cherchons à avoir raison ;
- nous bâtissons des scénarios dans notre tête ;
- nous nous sentons attaqués, que nous sommes susceptibles ;
- nous jugeons, les autres ou nous-mêmes ;
- nous nous comparons en nous croyant supérieurs ou inférieurs ;
- nous sommes en colère et que nous ne nous en sortons pas, que nous cultivons notre vengeance ou préparons notre réponse ;
- nous ruminons le passé ou que nous anticipons l'avenir ;
- nous nous sentons petits, tristes, angoissés, nerveux ;
- nous avons peur de ne pas être à la hauteur ;
- tout semble aller de travers et contre nos désirs.

L'ego déteste avoir tort ; il ne vit pas dans le présent, mais toujours dans le passé ou dans l'avenir ; il aime les mélodrames, les choses compliquées, les scénarios de catastrophe. Il est le petit hamster dans notre tête qui tourne sans fin dans sa roulette. Et plus il est stressé, plus il pédale vite !

Mais, bonne nouvelle, nous pouvons apprendre à le maîtriser. Pour plus de plaisir à le faire, je vous suggère de le nommer, de lui trouver un nom, de le personnaliser afin de pouvoir vous en *désidentifier* et vous adresser à lui directement quand vous voudrez le maîtriser. Le mien s'appelle Marcel, c'est le prénom qui m'est venu spontanément un jour où j'avais bien besoin de me rebrancher sur le cœur.

En l'appelant par son prénom et en le visualisant, sous la forme que vous voudrez, vous pourrez ainsi lui donner les directives que vous voulez, par exemple, le rassurer et lui demander d'aller se coucher dans un coin de sa cage pour quelques instants, le temps que vous régliez la situation avec votre cœur et plus calmement. Remerciez-le de vous montrer d'autres options mais choisissez celle qui vous parle le plus et non celles de votre ego.

On ne peut pas se débarrasser de notre ego : il fait partie de nous et si nous le maîtrisons, il est fort utile dans notre vie pour nous aider à réaliser nos rêves. Mais il est hautement toxique quand nous le laissons nous envahir et prendre le contrôle de nos réactions, parfois même de notre vie.

Il n'y a qu'une seule recette pour diminuer le pouvoir de notre ego : c'est d'être dans l'Amour.

CADEAU N° 58

Arrêtez d'en faire trop pour les autres

Il est noble et généreux d'aider les autres, de vouloir alléger leur fardeau, de les conseiller, de vouloir tout faire pour qu'ils soient heureux... mais il est impossible d'y arriver !

Si vous reniez vos besoins, physiques, psychologiques, personnels pour toujours en faire plus pour les autres, alors vous n'êtes plus dans l'Amour, vous êtes en quête d'amour de la part des autres.

Il doit exister un juste équilibre entre ce que nous donnons aux autres et ce que nous nous donnons à nous-mêmes. Le jour où cette équation devient déséquilibrée, nous ne sommes plus dans l'Amour. Si nous ne pensons qu'à nous, nous risquons de tomber dans l'égoïsme, et si nous ne pensons qu'aux autres, nous renions la personne la plus importante de notre vie : nous-mêmes.

Regardez votre agenda, votre vie actuelle : combien d'heures consacrez-vous chaque jour à donner aux autres, à prendre soin des autres, à rendre service, à les écouter, à faire ce qui leur fait plaisir ? Maintenant, combien d'heures consacrez-vous chaque jour à prendre soin de vous, à vous arrêter (à part dormir), à vous faire plaisir, à cultiver votre calme intérieur, à vous gâter un peu ? Est-ce équilibré ?

Il est difficile au début d'apprendre à dire non aux autres, pour se dire oui à soi. Mais si vous dites toujours oui aux autres et non à vous, vous vous épuiserez... si ce n'est déjà fait !

Que pouvez-vous faire maintenant pour réapprendre à augmenter le pourcentage de temps qui vous est imparti ? En faisant, notamment, chaque jour un ou plusieurs des cadeaux qui vous sont offerts dans ce livre ! En trouvant ce qui vous fait plaisir et en le faisant. En méditant. En prenant une pause loin du bruit chaque jour, juste pour vous, même si au pire cela doit être dans votre auto !

Apprenez à VOUS donner. Vous ne deviendrez jamais égoïste (vous le seriez déjà si c'était le cas !), mais vous apporterez plus d'équilibre dans votre vie et vous aurez plus le goût de donner sans vous sentir obligé de le faire.

Car se donner à soi d'abord, c'est apprendre à devenir une meilleure personne. Et c'est aussi apprendre à s'aimer un peu plus chaque jour !

CADEAU N° 59

Résistez à l'envie de changer
pour que les autres vous aiment

Ceux qui exigent que vous changiez pour qu'ils puissent vous aimer ne vous aiment pas ! Si vous ne pouvez pas être vous-même avec certaines personnes, si vous devez vous réduire pour entrer dans leur moule, si vous ne devez pas prendre trop de place pour ne pas leur porter ombrage, si vous devez être autre chose que ce que vous êtes fondamentalement avec ces personnes, ne restez pas auprès d'elles. Elles sont en train d'essayer d'éteindre la flamme que vous portez en vous.

Tout au long de notre vie, nous changeons, nous nous améliorons, nous souhaitons devenir une meilleure version de nous-mêmes. Le faire pour soi, pour être plus heureux, pour être mieux dans notre peau est fort louable. Mais le faire pour les autres, pour qu'ils nous aiment, pour qu'ils nous acceptent est hautement préjudiciable. D'abord, ça ne fonctionne jamais, et personne ne devrait avoir besoin de se renier pour être aimé.

Ceux qui ne vous aiment pas comme vous êtes en ont bien le droit. Mais vous avez le devoir de ne pas vous renier pour qu'ils vous aiment enfin. Dans la vie, il y aura toujours environ 40 % des gens qui ne nous aimeront pas, selon de récentes statistiques. S'il fallait que nous nous reniions chaque fois pour tenter de nous faire aimer de ces 40 %, nous n'existerions plus ! Nous nous perdrions de vue et nous nous éteindrions.

Bien sûr, on peut modifier certains comportements pour faire plaisir à ceux que nous aimons, comme arrêter de fumer, être plus affectueux, moins colérique. Mais nous le faisons parce qu'ils nous aiment déjà et non pour qu'ils nous aiment. Et la modification de ces comportements fait de nous une meilleure personne, pas une marionnette dans leur filet !

Rappelez-vous qu'il n'y a que vous qui avez le pouvoir de modifier certaines choses en vous SI vous le voulez. Ne le faites pas pour être aimés. Ceux qui vous demandent de changer pour vous aimer ne méritent pas d'être dans votre vie.

Soyez 100 % vous-même. Soyez le fruit de votre évolution, et non des exigences des autres !

CADEAU N° 60

Ne laissez pas votre ego vous créer des drames artificiels

Nous l'avons vu précédemment, notre ego est un vrai scénariste d'Hollywood débordant d'imagination pour toujours anticiper le pire de toute situation.

Il aime les catastrophes, les drames, les batailles. Il se méfie des autres et leur prête sans arrêt de mauvaises intentions. Il s'imagine des choses constamment et rarement des choses positives ! Bref, il est le spécialiste des films d'horreur, des thrillers et des mélodrames !

Et plus nous le laissons s'amuser à nos dépens, plus nous souffrons. Nous voyons l'ennemi partout, nous nous méfions, nous jugeons, nous vivons dans la peur d'une réalité... qui n'existe pas !

Nous l'avons vu : il n'y a qu'une seule recette pour diminuer le pouvoir de notre ego : c'est d'être dans l'Amour. Aimer tout ce qui est :

- Accepter la réalité telle qu'elle se présente ;

- Vivre dans l'instant présent ;

- S'aimer soi et aimer les autres sans juger ;

- Comprendre que tout est parfait, car la Vie prend soin de nous de la meilleure manière possible pour contribuer à notre évolution, pour nous amener à aimer ce qui est.

Plus nous nous ramenons au moment présent, en regardant la situation actuelle, moins nous laissons de pouvoir à notre ego. Car lui, il ne vit jamais dans le présent mais toujours dans le passé ou dans le futur, et souvent dans une position de victime.

En vous ramenant constamment dans l'amour et au moment présent, vous limitez son terrain de jeu et vous cessez de vous créer des souffrances inutiles.

Soyez vous-même le scénariste de votre vie et produisez des films d'amour et de bonté !

CADEAU N° 61

Dites « non » à la culpabilité

La culpabilité est un frein à notre évolution. Elle implique que nous nous jugions. Et nous savons maintenant qu'il est impossible d'aimer quand nous jugeons, et impossible de juger quand nous aimons.

Nous sentir coupables de quelque chose signifie que nous vivons dans le passé et non dans le présent. Nous nous positionnons à la fois en bourreau « c'est mal ce que j'ai fait » et en victime « je ne mérite pas qu'on m'aime ». Chaque fois que nous nous sentons coupables, nous manquons d'amour envers nous-mêmes et nous réduisons drastiquement notre estime de soi.

Si vous avez blessé quelqu'un, alors excusez-vous sincèrement et tournez la page. Non seulement il ne sert à rien de ressasser continuellement la même scène dans votre tête jour après jour, mais ce faisant, vous poseriez ainsi vous-même les pierres pour trébucher une autre fois sur votre chemin.

Demandez pardon s'il y a lieu et TOURNEZ LA PAGE.

Avez-vous remarqué combien nous avons de la difficulté à nous pardonner ce que les autres nous ont pardonné depuis longtemps ? Ne soyez pas votre pire bourreau, redevenez votre meilleur ami.

Qu'avez-vous appris de cette expérience ? Quel cadeau pour vous se cache dans cette situation ?

Le passé est le passé et il doit rester dans le passé. Ne traînez plus dans votre présent un passé qui hypothèque votre futur. Apprenez, puis avancez. Le chemin sur lequel chacun de nous marche est jonché d'écueils et de pierres. Un jour ou l'autre nous trébuchons. Mais ne restons pas au sol : relevons-nous et continuons d'avancer.

PERSONNE ne gagne quoi que ce soit en se sentant coupable.

Et si d'autres vous font sentir coupable, alors sachez qu'ils vous manipulent ! N'acceptez pas d'être manipulés !

CADEAU N° 62

Éloignez-vous des manipulateurs

Bien que nous manipulions tous de temps à autre pour obtenir certaines choses, et à des degrés divers, il existe certaines personnes dont le seul mode de fonctionnement est la manipulation.

ATTENTION : Les manipulateurs peuvent réduire à néant, en peu de temps, votre estime de soi que vous avez mis des années à bâtir !

On appelle Manipulateurs Pervers Narcissiques ceux dont l'objectif principal est de tirer tout le meilleur de leur proie pour la rejeter ensuite et passer à la proie suivante. Ils sont incapables d'aimer véritablement et ne pensent qu'à satisfaire leurs propres besoins en instrumentalisant l'autre pour y répondre. Ils ne font pas tomber que les plus faibles, ils cherchent une faille en chacun, même temporaire, pour s'y insérer et détruire. On les reconnaît entre autres à ces caractéristiques :

- Être ultra charmant au début pour devenir petit à petit quelqu'un de destructeur
- Culpabiliser les autres
- Répondre à une question par une autre question
- Reporter ses responsabilités sur les autres
- Manipuler la vérité pour arriver à ses fins
- Répondre de façon floue
- Ne pas communiquer clairement ni ses demandes ni ses opinions
- Changer de comportement selon les personnes (ici on retrouve les manipulateurs dans les organisations qui ont un comportement pervers envers leurs subordonnés, mais mielleux envers leurs supérieurs)
- Avoir des exigences élevées envers les autres, qui tendent à vouloir être parfaits pour tenter de satisfaire le manipulateur

- N'être jamais satisfait (d'où notre impuissance à le satisfaire, et notre épuisement à s'y efforcer en vain)
- Semer la bisbille partout
- Nous faire sentir inadéquats, quoi qu'on fasse
- Ne jamais trouver quelqu'un d'assez bien pour lui
- Être narcissique, égocentrique et jaloux
- Ériger le harcèlement psychologique en mode de vie
- Comparer pour démolir
- Mentir, cacher de l'information
- Détruire notre estime de nous-mêmes
- « Briser » ses victimes pour ensuite passer à la suivante
- Et bien d'autres traits tous plus indésirables les uns que les autres.

Si vous faites face actuellement à des personnes de ce genre, le meilleur conseil c'est : FUYEZ ! Car il ne vous restera pas grand-chose de votre estime de vous lorsqu'ils auront fini de vous pressuriser. Et n'essayez pas de les changer : vous y laisserez votre peau. Aimez-vous assez pour couper les liens avec eux.

CADEAU N° 63

Tenez-vous debout !

Le non verbal, la posture physique, l'intensité du regard sont des indicateurs puissants de notre estime de soi. Si nous avons le regard fuyant, si nous marchons la tête penchée et le dos voûté et si nous semblons porter la lourdeur du monde sur nos épaules, ne nous étonnons pas que notre estime de soi soit au plus bas !

Se tenir droit, porter la tête droite, regarder les gens dans les yeux lors d'une conversation, avoir un visage ouvert et sourire stimuleront au contraire notre estime de soi, car en envoyant une image positive de nous, les autres nous renverront aussi une image positive de nous.

Se tenir debout, au sens propre comme au sens figuré, porte bien haut l'étendard de notre estime de soi. Ne pas se laisser marcher sur les pieds, mais se respecter tout en respectant les autres, c'est aussi ça, se tenir debout.

Ce n'est pas crier plus fort que l'autre. Ce n'est pas tenir tête à tout prix ni vouloir avoir raison sans jamais faire de compromis. Se tenir debout, c'est respecter ce qu'on est profondément, respecter ses valeurs intrinsèques avant toutes choses.

C'est être fier d'oser affirmer ce que nous sommes, peu importe le jugement des autres ; c'est pouvoir parler à partir de son cœur, sans avoir peur de perdre, parce qu'on est déjà prêt à accepter de tout perdre mais jamais de SE perdre.

Se tenir debout, c'est s'aimer assez pour éviter de se rendre jusqu'à dire « c'est assez » parce que nous aurons dit plus tôt « ça ne me convient pas ».

Si vous sentez que l'on brime vos droits, votre liberté, votre personne, tenez-vous debout et ne vous écrasez pas. N'achetez pas la paix à tout prix. Ne cherchez pas la confrontation, mais ne l'évitez pas non plus s'il le faut. Ayez assez de respect pour vous-même pour prendre soin de votre intégrité tant dans les tempêtes qu'en mer calme.

Revoyez les événements marquants de votre vie où vous vous êtes tenu debout et soulignez-les. Célébrez-vous d'être resté debout. Revoyez les événements où vous vous êtes plié devant l'adversité : qu'avez-vous appris de cette expérience ? Comment auriez-vous pu vous tenir debout, sans vous culpabiliser, juste pour apprendre, comme on révise un texte pour mieux le maîtriser et se le rappeler au moment opportun ?

Il n'est pas inné pour tout le monde de se tenir debout, mais nous pouvons tous l'apprendre. Si vous avez eu de la difficulté à le faire jusqu'à présent, sachez qu'il n'est jamais trop tard pour vous redresser !

CADEAU N° 64

Acceptez l'entière responsabilité de ce qui vous arrive

Ce cadeau est plus difficile à déballer que les autres, j'en conviens ! En effet, ce n'est pas toujours évident d'accepter que nous sommes responsables, mais non coupables, de notre vie.

Dans les faits, la Vie nous offre toutes sortes d'opportunités pour accélérer notre croissance afin, ultimement, d'apprendre à mieux aimer. Certaines de ces opportunités sont agréables, d'autres fortement désagréables !

Notre réaction à chacune de ces opportunités demeure notre responsabilité pleine et entière. En tout temps. Nous avons toujours le choix de notre réaction face à ce que nous vivons. Nous pouvons rager, pester, maudire le destin, comme nous pouvons subir le tout en nous plaignant dans notre rôle de victime, ou enfin nous pouvons accueillir ce qui est et décider de ce que nous en faisons.

Accueillir ce qui est demeure la meilleure option tant pour notre bonheur que pour notre estime de soi. Pouvons-nous changer quelque chose à ce qui vient d'arriver ? Si oui, que pouvons-nous faire concrètement ? Si non, il ne nous reste plus qu'à l'*accueillir*. Je parle ici d'accueil, car certaines situations nous paraissent trop difficiles à « accepter », trop pénibles, trop douloureuses. Mais nous pouvons toujours accueillir ce qui est, reconnaissant ainsi que la Vie est toujours plus forte que nous.

Pour apprendre certaines leçons, la Vie nous envoie des « tests », des expériences pour que nous comprenions comment mieux aimer dans cette situation donnée. Tant que nous ne comprenons pas, la Vie revient avec d'autres expériences visant le même objectif. Si nous nous entêtons à refuser de comprendre, ou si nous n'y arrivons tout simplement pas, les opportunités d'apprendre pourront se transformer en épreuves, que nous trouvons d'autant plus difficiles parce que nous y résistons.

La Vie ne nous laissera pas éviter la leçon et poursuivra inlassablement son enseignement jusqu'à ce qu'enfin nous accueillions la leçon.

Toutefois, parfois nous devons aller profondément dans la douleur avant de finir par capituler et par accueillir la leçon d'amour. C'est là que nous sommes responsables de ce que nous vivons. Plus tôt nous comprenons comment aimer mieux dans cette situation donnée, moins les autres expériences du même type seront nécessaires pour nous enseigner la leçon.

En prenant la responsabilité de ce que vous vivez, vous agissez en personne mature : vous tentez ni de fuir ni d'éviter, mais vous cherchez à comprendre l'enseignement, le cœur ouvert. Tout ce que vous vivez a pour but de vous ouvrir davantage le cœur et l'esprit. Ne les fermez pas ! Sinon vous pourriez souffrir davantage.

Vous êtes responsable de votre bonheur et vous êtes aussi responsable de ce qui vous en éloigne. Le choix vous appartient toujours, quelles que soient les apparences !

CADEAU N° 65

Trouvez le beau et le bon en tout

En toutes choses, en toutes personnes, il y a du beau et du bon. Malheureusement, nous l'oublions trop souvent, jugeant et condamnant avant même que nous comprenions la situation.

Toute situation désagréable comporte un cadeau. Toute épreuve renferme un cadeau. Toute personne a des qualités. Il y a du beau et du bon en tout.

Avant de juger, rappelons-nous que tout le monde a des qualités, même la personne qui nous semble inhumaine. Plutôt que de nous fier aux apparences, cherchons à trouver ce qui est beau dans chaque personne.

Aujourd'hui, efforcez-vous de voir du beau en toute chose, en toute personne. Pour chaque personne que vous rencontrerez, attardez-vous en premier à trouver la beauté en elle, dans ce qu'elle est, dans ce qu'elle dégage, ce qu'elle dit, ce qu'elle fait, ses engagements. Il y a toujours du bon en toute personne.

Pour trouver le beau en toute chose, rien de tel que de partir à la chasse aux trésors avec votre caméra pour prendre une photo de chaque chose qui vous interpellera aujourd'hui. Promenez-vous dans la nature, en ville, dans un centre commercial même ! Et trouvez la beauté dans ce tronc défraîchi, dans cet immeuble à l'abandon, dans cet objet en vitrine, dans ce coucher de soleil, dans ce nuage aux formes inhabituelles.

Trouver le beau et le bon en tout, ça s'apprend facilement. Il suffit de le vouloir !

Efforcez-vous de trouver le beau et le bon en chaque personne, en chaque chose au moins une fois par jour, et notez-le dans votre journal des petits bonheurs à la fin de la journée. Petit à petit, vous développerez une autre vision du monde, plus positive et plus porteuse de bonheur.

Et surtout, efforcez-vous de trouver la beauté en vous chaque jour !

Toute la beauté que vous voyez dans le monde se trouve aussi dans votre cœur. Si vous avez de la difficulté à voir la beauté à l'extérieur, il est peut-être temps de la chercher en vous !

CADEAU N° 66

La paix ne s'achète jamais !

Trop souvent, acheter la paix signifie se renier soi-même ou renier une partie de soi. LA PAIX NE S'ACHÈTE PAS. Jamais. La paix que l'on obtient en se soumettant aux autres est toujours temporaire et réduit l'expression de notre authenticité.

Tandis que l'harmonie qui découle du fait que nous nous respectons, que nous respectons nos propres valeurs, est durable et nous remplit de paix.

Acheter la paix ne nous permet jamais d'éviter la guerre ; elle ne fait que la retarder !

La prochaine fois que vous aurez envie de vous taire pour acheter la paix, demandez-vous quelle partie de vous êtes-vous en train de renier ? De quoi avez-vous peur au juste ? Personne n'a de pouvoir sur qui que ce soit, à moins que nous lui laissions ce pouvoir. En achetant la paix, vous êtes en train de dire à l'autre « d'accord, traite-moi comme tu veux, je vais me taire parce que je tiens plus à toi qu'à moi ! » En vous respectant, vous dites à l'autre « je comprends ton point de vue, mais mes valeurs sont primordiales pour moi ! »

Le contraire d'acheter la paix, ce n'est pas déclarer la guerre : C'EST SE RESPECTER.

En vous respectant, en disant non à ce qui ne vous convient pas, vous pourrez peut-être connaître quelques soubresauts dans votre relation avec l'autre qui vous demande de vous taire, mais vous prendrez la place qui vous revient de plein droit : celle de vous respecter en toutes circonstances, quelles qu'en soient les conséquences. Aucune d'entre elles ne sera jamais aussi dommageable pour votre estime de vous que celle d'acheter la paix contre vous.

Aucune paix extérieure que l'on tente d'acheter ne peut égaler la paix intérieure que l'on obtient en se respectant. Jamais.

CADEAU N° 67

L'écœurement est le début de la sagesse !

Cette phrase-choc qu'un de mes amis m'a écrite un jour illustre parfaitement comment chaque chose que nous vivons nous sert à grandir !

Lorsque nous en avons assez d'une situation donnée, lorsque l'écœurement nous envahit et que nous n'en pouvons plus, alors nous finissons par accepter de changer l'objet même de cet écœurement !

Ainsi, par exemple, si nous n'en pouvons plus de toujours manquer d'argent, si nous avons atteint le point de saturation, alors dans un élan de colère ou d'« écœurite aiguë » comme nous nous plaisons à l'appeler ici au Québec (le « ras-le-bol total » ailleurs dans la francophonie), nous prendrons les décisions et les dispositions qui s'imposent pour changer cette situation une fois pour toutes. Nous consoliderons nos dettes, nous changerons notre manière de consommer, nous prendrons un emploi plus payant ou un deuxième boulot, nous vendrons certaines de nos possessions, bref nous ferons ce qu'il faut pour changer définitivement la situation.

Quand nous n'en pouvons plus de vivre dans le conflit à la maison, alors nous déciderons peut-être de consulter un conseiller conjugal, nous aurons peut-être cette ultime conversation avec notre conjoint ou nous prendrons les moyens qu'il faut pour mettre fin à une relation depuis trop longtemps destructrice ou vide d'amour.

Quelles sont les zones de votre vie où vous commencez vraiment à en avoir assez ? Où vous sentez-vous le plus « écœuré » de la situation ? Que pouvez-vous faire maintenant pour changer cette situation ? Portez attention ici à vos excuses : les « oui mais » et les « je n'ai pas le choix » sont des mensonges que vous vous racontez pour retarder l'échéance de votre passage à l'action.

N'attendez pas de dépasser votre seuil de tolérance : évaluez, améliorez ou agissez pendant que la situation peut encore être améliorée. Si ce n'est plus le cas, alors vous savez ce qu'il vous reste à faire.

CADEAU N° 68

Tout est parfait !

Cette phrase est le leitmotiv qui me guide depuis des années et qui m'a aidé tant de fois !

Si elle peut être difficile à accepter pour certains d'entre vous, elle n'en est pas moins vraie, que nous y croyions ou non.

En effet, tout ce que nous vivons est pour notre plus grand bien. Mais nous refusons souvent de l'accepter. Quand ça ne nous plaît pas, quand c'est trop douloureux, quand ce n'est pas ce que nous voulons et que ça ne fonctionne pas à notre manière, nous refusons de croire que tout est parfait.

Pourtant, si nous nous tournons vers nos expériences antérieures, nous verrons que même les événements difficiles de notre passé nous ont rendus plus forts, plus humains, plus aimants ou plus solides. Nous rêvons tous d'une vie sans douleur, sans désagrément, sans perte et sans souffrance. Mais cela n'existe pas. Le Vie est une alternance de joies et de peines.

Le mieux que nous puissions faire est d'accueillir chaque événement en nous rappelant que tout est parfait. Donnons-nous le droit de vivre les émotions appropriées, car il ne s'agit pas ici de se renier, mais dès que possible, mettons-nous à la recherche du cadeau dans cet événement. En nous rappelant que tout est parfait, nous savons que cet événement était nécessaire pour notre évolution et que plus tôt nous trouverons le cadeau, moins nous aurons besoin de revivre d'autres événements de même nature.

Accepter que tout est parfait nous offre le plus beau des cadeaux : le lâcher-prise ! Ce fameux lâcher-prise que nous avons tant de mal à comprendre. En acceptant que la Vie sait toujours mieux que nous ce dont nous avons besoin, nous accueillons les joies et les épreuves avec un lâcher-prise plus serein, qui nous permet de ne pas rester trop longtemps dans les zones sombres. Faire équipe avec la Vie, plutôt que de se battre contre elle, est un formidable économiseur d'énergie et de souffrance !

Notez les événements de votre passé qui vous ont paru difficiles.

À côté de chacun d'eux, identifiez ce qu'ils vous ont appris, quel était le cadeau derrière ce drame, qu'avez-vous développé comme qualité suite à cette situation ou de quel défaut vous êtes-vous débarrassé ? Peut-être avez-vous rencontré quelqu'un qui a changé votre vie lors de cet événement. Notez le plus de cadeaux possible que chaque événement vous a apportés. Ceux pour lesquels vous ne trouvez aucun cadeau, le cas échéant, demandez à une personne proche de vous de vous aider : parfois notre ego refuse de voir qu'il y avait un cadeau dans une situation qui nous a fait trop mal. Peut-être que vos proches pourront le trouver avec vous.

Tout est parfait. Plus tôt vous verrez votre vie ainsi, mieux vous vous porterez. Car dans la sérénité de l'accueil se trouvent les clés de la paix du cœur.

CADEAU N° 69

Excuser l'autre est une fuite de la réalité

Combien de fois nous retrouvons-nous à excuser l'autre, à justifier à sa place ses propres comportements, à lui trouver toutes sortes de justifications pour expliquer ce qu'il dit, pense, fait ou est ?

Ne sommes-nous pas en train de nous priver de notre meilleur allié, notre intuition, quand nous sommes en train de justifier le comportement des autres à partir de NOS excuses ?

Nous nous cachons la tête dans le sable pour ne pas voir ce qui apparaît si évident aux yeux des autres, simplement pour ne pas avoir la honte de nous rendre compte que nous nous sommes trompés sur quelqu'un !

Alors la prochaine fois que vous vous surprendrez à justifier, excuser ou expliquer le comportement de quelqu'un d'AUTRE, demandez-vous ce que vous êtes en train de VOUS cacher ! Quelle évidence ne voulez-vous pas voir ? Qu'est-ce que ce que vous êtes en train de modifier de la réalité pour qu'elle corresponde à ce que vous voulez qu'elle soit ?

Excuser l'autre nous éloigne de nous : nous avons peur de voir la réalité telle qu'elle est et nous nous mentons à nous-mêmes. Nous avons peur d'assumer la décision qui viendra avec le fait de regarder la réalité bien en face.

Quelle partie de la réalité refusez-vous de voir ? Et surtout, quel est le prix à payer pour refuser de la voir ?

Lorsque nous refusons de voir la réalité bien en face, nous détruisons une partie de notre estime de soi, car nous préférons nous mentir plutôt que nous CHOISIR.

Si vous vous surprenez à toujours excuser les autres à leur place, quelle partie de vous êtes-vous en train de renier ?

Apprenez à accepter la réalité comme elle est, même si elle vous déplaît. Sur le coup, vous serez peut-être déçus mais beaucoup moins longtemps que si vous vous mentez à vous-même !

CADEAU N° 70

Quand on veut changer l'autre

Au début d'une relation, nous admirons l'autre pour ce qu'il est. Nous aimons ce que nous voyons de lui et nous trouvons ses qualités remarquables. Puis, petit à petit, certains traits de son caractère nous paraissent indésirables, irritants ou carrément désagréables.

Et plus le temps passe, plus ce qui nous plaisait au début risque de devenir ce qui nous déplaît le plus ! Nous avons probablement tous connu ce genre de relation, amoureuse, amicale ou d'affaire, où les « défauts » de l'autre sont devenus tellement irritants avec le temps que nous souhaitons que l'autre change.

Et nous entreprenons alors une véritable croisade pour l'amener à voir ses défauts, à apprendre à faire les choses autrement, à « évoluer », à se comporter différemment de ce qu'il est profondément. Nous nous positionnons en juge de ses travers et nous plaidons pour qu'il change, sans cesse, jusqu'à ce que tout éclate.

Nous oublions que l'autre est toujours... notre miroir ! Ce que nous voulons changer chez l'autre, nous le portons en nous. Souvent d'une autre façon mais toujours le même trait. Ainsi, si nous trouvons que notre associé dépense sans compter, où faisons-nous la même chose dans notre vie ? Si notre conjoint a une dépendance à l'alcool, quelle dépendance avons-nous dans notre vie : les achats compulsifs, le travail, la boulimie ? Si notre enfant refuse de se ramasser, où sommes-nous brouillons ?

Au lieu de vouloir changer les autres, ce qui, convenons-en, ne fonctionne jamais, commençons par nous changer nous-mêmes. Et remercions l'autre de nous montrer ce que nous avons à travailler sur nous !

Faites la liste des défauts des autres qui vous irritent et que vous aimeriez qu'ils changent. Pour chacun, demandez-vous où vous faites la même chose dans votre vie ? Ce n'est pas toujours évident à trouver, car nous portons souvent le même défaut, mais différemment. Où vous faites-VOUS vivre la même chose ?

Ainsi, si vous ne tolérez plus l'impatience de votre conjoint, pouvez-vous trouver où vous êtes impatient envers vous-même ? Où vous traitez-vous avec impatience, même si c'est seulement dans votre tête ?

Chaque fois que vous serez porté à vouloir changer l'autre, prenez un temps d'arrêt, et demandez-vous en quoi cela est-il votre miroir. Au lieu d'en vouloir à l'autre, vous finirez peut-être par éprouver de la gratitude envers lui, car son comportement peut vous aider à vous améliorer. Et vous cesserez de vouloir que l'autre soit différent de ce qu'il est.

L'amour inconditionnel, ce n'est pas de changer l'autre pour l'amener à être comme nous le voulons, c'est l'aimer comme il est maintenant.

CADEAU N° 71

Développez le muscle du courage

Oui le courage est un muscle qui se renforce chaque fois que nous l'utilisons.

Lorsque notre estime de soi est à bâtir, nos peurs l'emportent souvent sur le courage et dominent malheureusement bien des aspects de notre vie. Pourtant, il n'est jamais trop tard pour développer petit à petit notre courage, cet ami précieux qui nous aidera en retour à développer notre estime de soi !

Tout le monde a du courage. Pensez à toutes les fois où vous avez dû faire preuve de courage pour vous sortir de certaines situations, pour tenter quelque chose de nouveau, pour prendre votre place. Ce cadeau est important : notez toutes les fois où vous vous rappelez avoir fait preuve d'un certain courage. Ainsi vous prendrez connaissance que ce muscle du courage est déjà présent en vous mais qu'il a besoin d'exercices pour se développer !

Commencez par de petites choses où la probabilité de succès est élevée. Par exemple, demandez au serveur du restaurant qu'il retourne votre assiette parce que le plat n'est pas assez chaud. La probabilité qu'il refuse est pratiquement nulle et vous aurez osé faire une demande claire qui vous servira d'assise pour les prochaines.

Dites non une fois par jour à quelqu'un qui vous demande un service alors que vous n'avez pas trop envie de le faire. Votre automatisme à dire oui devra faire place au courage de dire non. Vous n'avez pas à refuser toutes les demandes, seulement une par jour pour un certain temps, le temps que vous soyez capable de le faire sans vous sentir coupable.

Dans une activité, allez parler avec une personne que vous ne connaissez pas, simplement pour rappeler à votre muscle du courage que vous êtes en train de le rendre plus fort. Sortez une fois par jour de votre zone de confort en faisant quelque chose de différent : votre courage aime la nouveauté et se sent plus fort quand vous le poussez à s'adapter.

Osez faire ce que vous aimez le plus et consacrez-y vos temps libres : en osant écouter l'élan de votre âme, vous développerez votre courage et votre estime de soi. Quand vous vous sentirez prêt, montrez le fruit de votre talent à des personnes qui vous aiment ou qui s'y connaissent : votre courage s'enorgueillira de cette belle initiative et votre estime de soi vous en remerciera. Ignorez tout éteignoir autour de vous, ceux qui se montrent jaloux de votre talent ou du temps que vous y consacrez.

Ça prend du courage pour se respecter et faire fi de ceux à qui ça déplaît. Vous pouvez y arriver ! Vous êtes en train de faire d'une pierre deux coups : augmenter votre courage et bâtir votre estime de soi ! Plus vous vous y exercerez, plus cela deviendra facile !

CADEAU N° 72

Débarrassez-vous des mauvaises habitudes

Nous devons apprendre à nous aimer tels que nous sommes, avec nos qualités et nos défauts, nos talents et nos travers. Nous devons même apprendre à aimer nos mauvaises habitudes, si nous voulons nous en débarrasser.

Nos défauts ne sont pas tous des mauvaises habitudes ! Une mauvaise habitude est principalement une dépendance qui nuit à notre santé ou à notre bonheur : fumer, boire trop d'alcool, prendre de la drogue, outre manger, dépenser au-delà de nos moyens, se mettre à risque, être tellement susceptibles que toutes nos relations en souffrent, mentir à outrance… etc.

Le problème avec les mauvaises habitudes est qu'elles sont devenues avec le temps une forme de dépendance néfaste pour nous : nous avons une pulsion presque incontrôlable, que nous assouvissons, pour nous sentir coupables par la suite et en éprouvons les conséquences directes sur notre santé ou notre bien-être. Pas très gagnant comme habitude ! Lorsqu'elles nuisent à notre estime de soi, c'est qu'il est temps d'en laisser tomber quelques-unes, une à la fois.

Ce cadeau peut être plus ardu pour certains si votre dépendance est fortement ancrée en vous. Si c'est trop difficile, faites-vous aider si vous le pouvez.

Une mauvaise habitude a presque toujours pour but de calmer ou d'ignorer une émotion désagréable qui monte mais que nous ne voulons pas ressentir. Dès que nous identifions l'émotion et que nous acceptons de l'accueillir, notre penchant perd de son pouvoir sur nous.

Répondez le plus honnêtement possible aux questions suivantes, sur une feuille, juste pour vous :

1. Comment je me sens juste avant d'assouvir cette habitude ?

2. Comment pourrais-je nommer cette émotion : Stress ? Malaise ? Angoisse ? Besoin d'être aimé ? Etc.

3. En quoi céder à cette habitude va faire disparaître mon émotion ?

4. Puis-je faire autre chose à la place, de plus sain pour moi ?

5. Si j'assouvis cette habitude maintenant, comment me sentirai-je ?

6. Quelles seront les conséquences ?

7. Si je m'aimais davantage, qu'est-ce que je ferais ?

8. Si c'était mon meilleur ami qui le faisait, qu'est-ce que je lui dirais ?

9. Comment puis-je m'aimer un peu plus en remplaçant cette habitude ?

10. Quels objectifs : quantités, délais, fréquence, pourrais-je me donner pour réduire petit à petit cette habitude ?

11. Qui pourrait être mon témoin dans cet exercice d'estime de moi ?

Fixez-vous des objectifs réalistes et célébrez-vous avec amour quand vous réussissez ! Un pas à la fois, vous y arriverez !

CADEAU N° 73

Prenez soin de votre enfant intérieur

À l'intérieur de chacun de nous vit notre enfant intérieur. Mais nous l'ignorons et l'oublions trop souvent. Quand nous courons pour remplir nos obligations, quand nous jouons notre rôle d'adulte sérieux, occupé et affairé, nous abandonnons cette partie essentielle de nous.

Quand l'envie de pleurer vient sans crier gare ou que nous avons des sautes d'humeur, c'est cet enfant en nous qui se manifeste, qui crie son désarroi et son désespoir pour qu'enfin nous lui consacrions notre attention. Quand nous osons nous arrêter quelques secondes, nous croyons entendre sa petite voix au fond de nous qui dit « Et moi ? Et moi ? Je ne compte donc pas plus que ça pour toi ? »

Et elle s'élève de plus en plus, cette petite voix, réclamant notre attention, cherchant à se faire entendre de plus en plus clairement, nous envoyant des signaux physiques de plus en plus importants, provoquant des situations qui devraient nous permettre de lui prêter attention… pour peu que nous soyons à l'écoute. Jusqu'au jour où elle en a assez de quêter pour se voir reconnaître le droit d'exister et qu'elle crée une maladie, un épuisement, un burn-out. Jusqu'au jour où le seul choix qui nous reste, c'est de l'écouter.

Chaque fois que nous renions nos besoins, nous laissons tomber notre enfant intérieur. C'est comme vivre pour les autres mais sans exister soi-même.

Pour arriver enfin à vous aimer, il vous faut prendre soin de votre enfant intérieur. Vous devez devenir le bon parent pour cet enfant, celui qui en prendra soin, qui l'écoutera, qui le dorlotera, qui l'aimera. Mettez-vous à l'écoute de votre enfant intérieur, parlez-lui comme vous parleriez à l'un de vos enfants : rassurez-le, sécurisez-le, protégez-le. Demandez-lui ce dont il a besoin maintenant et voyez comment vous pouvez faire passer cette demande en priorité dans votre vie.

Votre enfant intérieur n'est pas un enfant gâté : c'est un enfant abandonné ! Vous devrez lui apprendre à vous faire confiance et vous devrez vous engager envers lui à ne plus jamais le laisser tomber.

Quand vous-même êtes désemparé ou triste, c'est votre enfant intérieur qui veut que vous vous occupiez de lui. Retrouvez-le dans son royaume, réapprenez à jouer, à rire et à aimer avec lui.

Ce trésor que nous portons tous en nous a besoin d'amour plus que n'importe qui d'autre. Allez-vous lui offrir enfin ?

Cette petite voix qui chuchote « et moi ? », cet enfant intérieur qui réclame votre attention, c'est votre âme qui vous appelle !

Écoutez-la : elle sait ce dont vous avez besoin. Apprenez à être bon pour vous-même, à répondre à vos besoins fondamentaux et à respecter vos limites. N'attendez pas qu'il soit trop tard. Car qui d'autre le fera, si vous ne le faites pas ?

CADEAU N° 74

Ne vous laissez jamais tomber

La personne qui nous laisse tomber le plus souvent dans notre vie, c'est nous !

Nous nous promettons de nous reposer après ce travail, mais nous en acceptons un autre, repoussant notre moment de repos. Nous nous promettons de prendre notre santé en main et de recommencer à faire de l'exercice, mais nous abandonnons au bout de quelques jours une discipline qui nous ferait pourtant le plus grand bien. Nous nous promettons de ne plus jamais tolérer de manquer de respect de qui que ce soit à notre égard, mais nous laissons encore une fois notre conjoint, notre enfant, notre collègue nous manquer de respect sans rien dire.

En avez-vous assez de vous laisser tomber ? En avez-vous assez de toujours passer en dernier ? De ne pas répondre à vos besoins ? D'ignorer les signaux d'alarme que vous envoie votre corps ?

Alors il est temps de vous engager envers vous-même à ne plus JAMAIS vous laisser tomber. Vous seul avez ce pouvoir, mais je vous suggère de faire une entente avec votre âme reflétant cet engagement solennel. Vous pouvez l'écrire comme bon vous semble. Je vous propose un exemple :

« Je (votre nom) m'engage solennellement envers mon âme à ne plus jamais me laisser tomber. Je m'engage à être constamment à l'écoute de mes besoins profonds et à y répondre le plus souvent possible et avec le moins de délais possibles. Je promets de faire chaque jour des gestes positifs pour démontrer mon engagement envers moi-même. Je promets de prendre soin de mon corps, ce temple de mon âme, de manière à garder sain ce véhicule que j'utilise chaque jour. Je promets de respecter mon intégrité et de refuser à qui que ce soit la possibilité de me manquer de respect. Je promets de rester vigilant sur mon état émotif, physique et spirituel et d'apporter immédiatement des solutions positives pour corriger toute situation indésirable pour moi ou néfaste pour mon âme ou mon corps. Je promets solennellement de demeurer à l'écoute de mon âme en tout temps et de suivre ses indications pour me permettre de me réaliser pleinement dans l'harmonie et l'Amour. »

Signez ensuite votre nom et la date. Relisez tous les matins ce petit texte, faites-en des copies, affichez-le où c'est possible et relisez-le chaque fois que vous en aurez besoin.

Et ne vous laissez plus jamais tomber !

CADEAU N° 75

Soyez vrai !

C'est difficile de s'aimer vraiment quand on n'est pas toujours soi-même. Pourtant, c'est l'une des meilleures façons d'y arriver. En étant vrais, authentiques et fidèles à nous-mêmes, nous serons aimés pour ce que nous sommes et non pour ce que nous projetons comme image. Être nous-mêmes nous permet d'économiser une quantité incroyable d'énergie que nous dépensons quand nous jouons un rôle ou que nous voulons présenter une image plus favorable de nous.

Comme l'enfant qui ne sait être autre chose que ce qu'il est vraiment, soyons vrais et authentiques dans l'amour de nous-mêmes.

1. Disons la vérité, en tout temps

2. Apprenons à rire de nos travers

3. Soyons simples et ne cherchons pas à impressionner

4. Ne jouons pas de rôle

5. N'ayons pas peur de perdre la face

6. Exprimons le fond de notre pensée avec respect

7. Pensons positivement

8. Ralentissons le rythme pour nous permettre de nous retrouver

9. Regardons les autres dans les yeux

10. Assumons nos décisions

11. Prenons nos responsabilités

12. Apprenons à faire des demandes claires

13. Disons non lorsque cela ne nous convient pas

14. Acceptons les compliments et les cadeaux simplement sans culpabilité

15. Accueillons les succès avec humilité et les échecs avec ouverture

16. Soyons bons pour nous et pour les autres

17. Posons des questions claires et donnons des réponses claires

18. Ne restons pas dans des scénarios de victimes : nous ne sommes jamais victimes

19. Soyons reconnaissants pour ce que nous avons

20. Disons merci plus souvent

21. Diminuons nos attentes

22. Acceptons la réalité

23. Ne nous mentons pas à nous-mêmes

24. Aimons ce que nous sommes

25. Soyons ouverts au changement

26. Rions plus souvent

Si, avec certaines personnes, nous ne pouvons pas être nous-mêmes, alors ne les retenons pas dans notre vie.

Être soi-même, ça n'a pas de prix !

CADEAU N° 76

Entourez-vous de relations nourrissantes

Rien de pire pour l'estime de soi que d'être entourés de personnes qui nous tirent vers le bas, celles qui nous jugent, nous critiquent, nous blâment, nous font grimper dans les rideaux, nous exaspèrent, nous mentent, nous jalousent, ou qui parlent dans notre dos.

Nous devrions nous entourer de relations qui font de nous de meilleures personnes. Pas seulement des relations faciles, mais des relations qui nous apportent quelque chose, qui nous poussent à nous dépasser, qui nous enseignent à aimer mieux.

Les relations qui font sortir le pire de nous sont une arme à deux tranchants : en faisant ressortir le pire de nous, elles nous aident à voir où nous avons besoin de soigner nos blessures et de nous aimer davantage. Mais elles peuvent aussi être fortement destructrices si elles perdurent trop longtemps.

Une relation qui manque de respect n'est pas une relation saine. C'est une relation qui vous indique que vous ne vous respectez pas suffisamment et à moyen terme, c'est une relation destructrice si vous n'y changez rien.

Nous pouvons tous apprendre à devenir de meilleures personnes en nous entourant de relations nourrissantes. C'est celles-ci qu'il faut cultiver. Si au travers s'y glisse une relation difficile, à moins qu'elle soit violente (dans ce cas, nous devrions y mettre fin immédiatement), regardons ce que cette relation plus cahoteuse peut nous apprendre sur nous. Mais ne restons pas dans une situation qui nous fait souffrir trop longtemps. Apprenons ce qu'il y a pour nous dans cette situation, puis prenons une décision.

Être entourés de belles relations saines, positives, aimantes, simples et chaleureuses nous donne des ailes sur le chemin de notre évolution. Nous nous sentons portés par toute cette affection qui nourrit notre âme et nous élève.

Faites la liste des gens avec qui vous entretenez des relations dans votre vie.

À côté de chacun des noms, indiquez comment vous vous sentez en présence de cette personne, ce qu'elle vous apporte, ce pour quoi vous lui êtes reconnaissant, s'il y a lieu. Il est fort possible que vous constatiez qu'à côté de certains noms, vous ayez peu de choses à écrire. C'est correct. Toutes nos relations ne sont pas essentielles. Et nous n'avons pas besoin de juger ces personnes pour nous sentir moins coupables de rompre la relation.

Peut-être que sur votre liste de 50 amis, il ne vous en restera que 5 ou 6 qui vous élèvent vraiment : alors tant mieux ! Réaménagez votre emploi du temps pour être plus souvent en compagnie de ces personnes et moins souvent en compagnie des personnes où la relation ne tient pas à grand-chose. Si certaines relations vous épuisent, vous avez le droit d'y mettre fin. Vos choix doivent vous rendre heureux, pas vous épuiser !

CADEAU N° 77

Donnez un sens à votre vie

Dans les entreprises, l'une des premières choses que les dirigeants doivent faire, c'est de définir la mission de leur entreprise : quelle est la raison d'être de leur compagnie ? À quoi sert-elle ? Cet exercice leur permet de prendre toutes leurs décisions ultérieures en fonction du respect de la mission d'entreprise.

Nous pouvons faire de même avec notre vie : quelle mission souhaitons-nous nous donner pour rendre notre vie meilleure ? Quel élan de notre cœur avons-nous le goût de suivre dans notre vie de tous les jours ?

Pour ma part, je me suis donnée deux missions dans la vie. Une mission pour moi, celle de sortir de ma zone de confort chaque jour. C'est certainement l'une des clés essentielles au bonheur ! En sortant de ma zone de confort, j'ai rencontré des gens merveilleux, j'ai vécu des événements incroyables, j'ai appris tant de choses sur moi, sur les autres, sur la Vie. Cette mission guide beaucoup de mes choix : chaque fois que je suis invitée à faire quelque chose hors de ma zone de confort, je suis très tentée de dire oui !

L'autre mission que je me suis donnée est dirigée vers les autres : c'est celle de faire une différence positive dans la vie du plus grand nombre de personnes possible chaque jour. C'est ce que je m'emploie à faire depuis que je suis toute petite et cette mission guide la majorité de mes choix de vie.

Et vous, quelle mission aimeriez-vous accomplir chaque jour pour donner un sens à votre vie ? Quels talents, quels apprentissages, quelles qualités pouvez-vous mettre au service des autres un peu chaque jour pour que votre vie prenne tout son sens ?

Vous pouvez avoir le goût de la beauté, et semer ainsi de la beauté par vos talents de peintre, de chanteur, de photographe. Vous pouvez avoir la passion des humains, et vous mettre à l'écoute de ceux qui souffrent ou qui veulent apprendre. Votre amour pour les enfants vous donnera peut-être envie de mettre en place des activités qui les rendront heureux ou qui les protégeront.

Nous avons tous une mission dans la vie : elle se cache souvent sous nos passions, sous les activités qui nous rendent heureux, sous nos rêves les plus profonds. La plupart du temps, c'est elle qui nous trouve. Alors plutôt que de la chercher un peu partout si vous n'avez pas encore d'idée de ce qu'elle est, demandez-lui plutôt de vous fournir les signes de ce qu'elle attend de vous et soyez à l'affût des synchronicités qui se présenteront dans votre vie. La réponse vous apparaîtra clairement un jour ou l'autre !

Être aligné sur votre mission simplifie votre vie et augmente de façon significative votre estime de soi !

CADEAU N° 78

Réduisez vos attentes

Plus nous avons des attentes envers les autres et plus nous risquons souvent d'être déçus !

Si nous attendons que les autres nous aiment, nous admirent, prennent soin de nous et nous respectent, nous risquons d'attendre longtemps !

Mais si vous vous aimez, si vous vous donnez toute l'attention dont vous avez besoin, si vous vous respectez, si vous prenez soin de vous, si vous êtes fier de ce que vous êtes et de ce que vous faites, alors vous n'aurez plus besoin d'attendre que les autres le fassent à votre place. Vous vous donnerez ce dont vous avez besoin. Ce que les autres vous offriront en sus, ce sera comme des cadeaux inespérés !

Chaque fois que vous avez des attentes envers quelqu'un, c'est le signe qu'il y a un besoin en vous que vous ne comblez pas vous-même : vous « attendez » que quelqu'un le comble pour vous. Les probabilités sont faibles que votre besoin soit comblé autant que vous le souhaiteriez.

Quand vous apprenez à vous donner vous-même ce que vous demandez aux autres, ce que vous attendez des autres, une grande liberté apparaît dans votre vie. Vivre sans attente est une forme de liberté majestueuse ! Finies les déceptions, les pleurs, les colères, parce que l'autre n'a pas fait ce que vous vouliez.

Donnez-vous à vous-même ce que vous attendez que les autres vous donnent. Vous voulez des fleurs ? Achetez-vous-en ! Vous voulez que votre conjoint prenne soin de vous ? Faites-vous couler un bon bain avec musique et chandelles et installez-vous-y en prenant soin de vous, en savourant ce moment béni où VOUS êtes à l'écoute de VOUS ! Vous voulez plus de marques d'affection de la part de votre partenaire ? Comment pouvez-vous vous en donner plus à vous pour être moins en attente de l'autre ?

En répondant vous-même à vos propres besoins, vous réduisez la pression dans la relation, vous réduisez les attentes, les déceptions, les résistances, les conflits, les guerres de pouvoir.

Plus vous répondrez vous-même à vos propres besoins, plus votre estime de vous augmentera et plus vos besoins seront comblés par la personne la plus importante de votre vie : VOUS !

CADEAU N° 79

Faites la liste des choses
que vous aimez de vous

Nous attendons trop souvent que les autres nous disent ce qu'ils aiment de nous alors que nous avons de la difficulté à reconnaître nos propres qualités !

Vous êtes une personne merveilleuse ! Vous êtes votre meilleur ami !

Prenez le temps de faire la liste de toutes vos qualités, de ce que vous aimez en vous, physiquement, psychologiquement, quels sont vos talents, en quoi excellez-vous, qu'aimez-vous de vous.

Pensez aux personnes que vous admirez, que vous aimez : ce que vous voyez en eux, vous le portez aussi en vous, mais peut-être que vous ne le voyez pas encore.

Alors allons-y ! Sortez vos crayons !

1. Mes plus belles qualités sont...

2. Les talents que je possède

3. Les compliments que les autres me disent

4. Ce que j'admire chez les autres

5. Ce que j'ai amélioré chez moi avec le temps

6. Les succès que j'ai connus

7. Les parties de mon corps que j'aime le plus

8. Mes plus belles relations

Laissez cette feuille à la vue chez vous : donnez-vous du temps pour la compléter. Chaque fois que vous pensez à quelque chose de positif qui vous appartient, ajoutez-le sur la feuille.

Une fois que vous l'aurez complétée, au bout de quelques jours, prenez le temps de la lire chaque soir avant de vous coucher pendant au moins 21 jours, de manière à ce que votre cerveau enregistre toutes ces belles choses à votre sujet et que cela devienne une vérité pour vous.

Pour donner plus de puissance à ce cadeau, vous pouvez aussi lire cette feuille à voix haute devant le miroir. Ainsi, vous vous adressez à vous et vous vous dites tout ce que vous aimez de vous.

Vous trouverez peut-être le tout intimidant au début. Plus cela vous apparaîtra intimidant, plus c'est le signe que vous avez vraiment besoin de vous faire ce cadeau !

CADEAU N° 80

Pardonnez

Le mot pardon est presque tabou dans notre société. Chaque fois que j'écris un texte sur le pardon, bien des gens réagissent avec agressivité et refusent de pardonner ce qui leur est arrivé.

Tant que nous ne pardonnons pas, nous restons dans l'état de victime de l'autre et nous lui donnons du pouvoir sur nos émotions et notre bonheur.

Le refus de pardonner est un boulet pire que la blessure qui l'a causé. Il ralentit toute votre évolution et vous prive d'être heureux.

Il est impossible d'être pleinement heureux tant qu'on en veut à quelqu'un. On ne peut pas tenir mordicus du négatif dans une main et demander du positif dans une autre.

Savoir que tout est parfait aide à pardonner. Pardonner, ça ne veut pas dire que ce que l'autre a fait était correct ; ça veut dire que vous vous libérez de la charge émotive que cette blessure vous a causée.

Vous libérez l'autre mais surtout vous vous libérez vous ! Pardonner est un geste égoïste à la base. Plus vous pardonnez, plus vous êtes libre.

Lorsque nous ne voulons pas pardonner, c'est que nous nous sentons supérieurs à l'autre et que nous attendons qu'il reconnaisse ses fautes. Nous cherchons à nous faire justice en humiliant l'autre pour ce que nous jugeons qu'il a fait de mal.

Lorsque vous pensez à la rancune qui vous anime en attendant la demande de pardon qui ne viendra probablement jamais, est-ce que votre rancune vous rend heureux ? Ou revivez-vous toute la gamme des émotions négatives qui sont rattachées à cet événement ? Vous vous faites revivre dans le présent un événement du passé et vous en souffrez encore. Quand vous pardonnerez, il n'y aura plus d'émotions rattachées à cet événement et vous le laisserez là où il doit être : dans le passé.

Tout ce que vous retenez vous retient.

Le pardon vous rend libre.

Pardonnez-vous à vous aussi : tout ce qui s'est passé dans le passé appartient au passé. Ne vous en voulez plus pour ce qui n'est plus. Concentrez votre amour de vous sur le moment présent. Toutes vos actions et vos décisions, qu'elles vous semblent bonnes ou mauvaises, vous ont façonnés tels que vous êtes aujourd'hui. En vous pardonnant ce que vous jugez comme étant des erreurs, mais qui sont en fait des expériences de vie, vous vous donnez le droit de vous aimer enfin, libre de toute entrave à votre estime de soi.

Par amour pour vous, pardonnez aux autres !

CADEAU NO 81

Tout passe !

Les bouddhistes ont un merveilleux mot pour expliquer que rien ne dure toujours dans la vie et que tout passe : ils appellent cela l'impermanence.

D'où l'importance de vivre dans le moment présent !

Chaque fois que vous traverserez une zone de turbulence, rappelez-vous que tout passe. Même si parfois nos périodes plus sombres semblent durer plus longtemps que nos périodes ensoleillées, elles finissent par passer et par disparaître. Il ne sert à rien de résister à ce que la vie met sur notre chemin, même si c'est douloureux. La foi que tout finit par passer vient alimenter notre espoir en des jours meilleurs.

Quand nous vivons des moments merveilleux, rappelons-nous aussi que plus nous vivrons intensément le moment présent, avec toute notre conscience, plus nous savourerons à sa juste valeur cet espace-temps qui finira lui aussi par passer.

La Vie est comme la mer : une succession de vagues et de ressacs, chaque élément se succédant pour donner vie au suivant. Parfois, nous surfons sur les vagues, parfois nous touchons le fond, bousculés par le ressac.

Avoir la foi dans la Vie, c'est savoir au plus profond de tout que tout a un sens, que rien n'arrive pour rien, que la Vie nous offre toujours ce dont nous avons besoin en ce moment précis et que tout finit par passer.

Appréciez le beau, apprenez des difficultés et gardez confiance en tout temps.

Concentrez-vous sur ce que vous vivez actuellement, respirez à fond et restez dans la conscience que ce moment aussi va passer.

CADEAU N° 82

Faites le premier pas dès aujourd'hui !

Nous voulons tous un jour ou l'autre changer des choses dans notre vie, améliorer notre situation, notre santé, notre caractère, nos relations. Trop souvent au lieu de passer à l'action, nous en parlons abondamment avec nos proches, nous plaignant de ce qui ne fonctionne pas, souvent en blâmant l'autre pour la situation et en oubliant que nous avons du pouvoir sur celle-ci !

Quelles sont les choses que vous voulez changer dans votre vie ? Que voulez-vous améliorer depuis longtemps, mais que vous retardez constamment ?

Vous savez comment on mange un éléphant ? Une petite bouchée à la fois ! Alors si votre désir de changer vous semble immense, insurmontable, divisez-le en toutes petites bouchées, les plus petites possible. Puis faites-en une à la fois, en commençant dès aujourd'hui.

Par exemple, si vous voulez changer d'emploi mais que le nouvel emploi que vous convoitez demande que vous soyez bilingue alors que vous ne l'êtes pas, commencez dès maintenant à vous immerger dans le monde anglophone : en plus de passer à l'action dès maintenant et de vous inscrire à des cours, écoutez la radio en anglais, regarde les films en anglais (mettez les sous-titres en anglais au besoin !) achetez-vous des magazines anglophones et gardez votre dictionnaire à proximité. Prenez chaque jour une petite bouchée de votre éléphant et notez vos progrès au fur et à mesure. Célébrez chaque étape que vous franchirez vers l'atteinte de votre objectif de devenir bilingue.

N'attendez pas que ce soit le bon moment pour passer à l'action. Le bon moment, c'est MAINTENANT !

Prenez chacun de vos projets, des choses que vous voulez changer ou améliorer. Décortiquez-les en petites bouchées, en étapes, en actions concrètes et inscrivez-les toutes dans votre agenda pour en faire chaque jour une partie. Soyez à l'affût des excuses et des justifications que vous vous donnez pour ne rien faire et rejetez-les. Vous serez tellement fier de vous dès que vous passerez à l'action !

Cette fierté sera beaucoup plus valorisante que toutes les excuses que vous voulez utiliser pour ne pas bouger !

Construire son estime de soi, ça se fait dans l'action ! Plus vous faites des choses pour vous, plus vous aidez votre estime de soi à grandir. Imaginez-vous lorsque votre but sera atteint et ressentez maintenant toute la fierté que vous vivrez alors. Et félicitez-vous pour votre amour de vous !

CADEAU N° 83

Faites le bilan de votre vie

Nombre de nos décisions importantes seraient peut-être différentes si nous les prenions en nous imaginant ce dont nous nous rappellerons en fin de vie.

Ainsi, ce problème qui nous semble insurmontable maintenant, nous en souviendrons-nous lors de nos derniers jours ? Ce rêve que nous remettons constamment à plus tard, regretterons-nous de ne pas l'avoir réalisé quand notre vie tirera à sa fin ? Cette décision difficile que nous retardons sans cesse par peur de l'inconnu, nous dirons-nous, sur nos derniers jours, que nous aurions dû la prendre bien plus tôt ? Cette peur de l'inconnu qui nous limite dans notre évolution, trouverons-nous, en fin de vie, qu'elle nous aura empêchés d'être heureux ?

Faire le bilan de notre vie maintenant comme si nous vivions nos derniers moments ne hâtera pas notre fin de vie ! Au contraire, il nous permettra de donner plus de VIE à notre vie actuelle en faisant des choix que nous ne regretterons pas plus tard. Il vaut souvent mieux avoir essayé et ne pas avoir réussi tout à fait que de ne jamais avoir osé et le regretter toute notre vie !

Faire son bilan de vie, c'est un merveilleux cadeau à se faire maintenant pour ne pas avoir de regrets plus tard !

Répondez aux questions suivantes et ajoutez-y les vôtres au besoin.

- Si, aujourd'hui, je vivais mon dernier jour sur Terre, quel bilan ferais-je de ma vie ?

- De quoi serais-je le plus fier ?

- À quoi aurais-je aimé consacrer plus de temps ?

- Qu'est-ce que j'aurais éliminé plus rapidement de ma vie ?

- Qu'est-ce que j'aurais aimé changer ou guérir plus tôt dans ma vie ?

- À qui aimerais-je reparler pour bien finir les choses entre nous ?

- Qu'aurais-je dû oser plus tôt ?

- Quel regret me ferait le plus de peine ?

- À qui aurais-je dû pardonner ?

À partir de maintenant, et selon vos réponses à ces questions, posez les gestes qui vous permettront de vivre mieux et en paix et de ne pas avoir de regret à la fin de votre vie.

CADEAU N° 84

Tournez la page

Si vous êtes du genre à ressasser le passé sans arrêt, vous aurez beaucoup de difficultés à développer votre estime de vous !

Que ce soit pour se rappeler avec nostalgie de bons souvenirs ou pour revivre les moments douloureux avec les mêmes émotions qu'à l'époque, vivre dans le passé est une activité voleuse de temps et de bonheur.

Votre bonheur ne se trouve pas dans le passé. Il n'existe que dans le moment présent. Tout ce temps que vous perdez à ruminer le bon vieux temps ou à maudire votre passé est du temps perdu qui ampute dramatiquement vos possibilités de bonheur actuel.

Vous regrettez peut-être votre enfance, une vieille histoire d'amour, vos parents, votre ancienne demeure, quand vos enfants étaient petits... Mais cette vie-là n'existe plus ! Quand le chapitre de votre livre est terminé, tournez la page ! Relire sans cesse le même chapitre ne vous permettra jamais de connaître les autres histoires qui sont dans votre livre de vie ! Vous ne pourrez pas contribuer à les écrire non plus, trop occupé que vous êtes à relire sans cesse les mêmes pages.

Les regrets, les remords, la nostalgie, la rancune, la colère sont les créateurs des maux de l'âme et les fossoyeurs de votre estime de soi.

Dès que vous vous observez vivre dans le passé, ramenez-vous dans l'instant présent. Pour faciliter ce rappel, vous pourriez utiliser un ancrage chaque fois que vous constatez que vous êtes perdus dans vos souvenirs. Par exemple, dire à voix haute « présent » ou claquer des doigts ou tousser pour vous ramener instantanément au moment présent. Plus vous le ferez, plus il vous sera facile de revenir ici maintenant.

Quand un chapitre se termine, tournez la page et passez au suivant. La Vie se vit dans le moment présent. Détachez-vous des boulets du passé. Si vous n'y arrivez pas seul, offrez-vous le cadeau d'aller chercher de l'aide pour vous aider à tourner la page.

Un des plus grands bonheurs que l'être humain puisse connaître est d'apprendre à vivre dans le moment présent. Et vous avez la capacité de le faire !

CADEAU N° 85

Soyez à l'affût des synchronicités

Tous les jours, la Vie nous envoie des messages de différentes façons : une forme dans un nuage, une rencontre inattendue, un message inspirant, etc. Nous avons le choix d'y voir le fruit du hasard ou les signes de la Vie.

Souvent, les signes sont abondants et prennent souvent des tournures étonnantes : on les appelle les synchronicités de la Vie. Les synchronicités, c'est la magie de la Vie qui s'exprime à travers des gestes ou des événements qui peuvent sembler anodins aux yeux des autres mais qui ont pour nous une signification particulière.

Lorsque nous sommes ouverts à recevoir les réponses de l'univers, nous observons de nombreuses synchronicités dans notre vie. C'est comme si nous partions à la chasse au trésor et chaque indice amène le suivant. Il ne s'agit pas de tout prendre avec sérieux et logique, mais plutôt de s'amuser à découvrir les cadeaux que la Vie dissémine sur notre chemin constamment. Plus nous prêtons attention à ces petits miracles, plus ils abondent dans notre vie.

Adopter cette habitude, c'est s'assurer de voir la Vie avec un regard émerveillé ; c'est moins voir les drames et davantage les clins d'œil ; c'est trouver l'espoir dans les petits signes que nous décortiquons à la lumière de notre expérience. C'est aussi s'amuser avec les synchronicités, s'émerveiller devant le sens de l'humour de la Vie et trouver des réponses à nos questions en cours de route.

Si vous ne les voyez pas déjà, ces synchronicités, commencez à noter chaque soir dans un cahier tous les petits événements inattendus de la journée, ou notez-les dans votre téléphone intelligent au fur et à mesure que quelque chose de « magique » semble arriver. Voici des exemples de synchronicités courantes :

- Recevoir un appel d'une personne alors que vous pensiez justement à elle

- Ouvrir un livre au hasard et avoir la réponse à une question qui vous tourmente

- Entendre quelqu'un raconter un épisode de vie qui ressemble drôlement à ce que vous vivez
- Recevoir un cadeau au moment où vous vous y attendiez le moins
- Entendre une chanson à la radio qui exprime parfaitement ce que vous vivez en ce moment
- Retrouver un petit mot de remerciement ou d'amour d'une personne qui vous est chère
- Recevoir une invitation au moment même où vous vous sentiez seul
- Recevoir de l'aide non sollicitée alors que vous en avez besoin
- Etc.

Les synchronicités vous permettent aussi de développer votre gratitude envers tous ces miracles de la Vie. Elles vous aident à adopter une attitude positive, ouverte aux expériences et dénuée d'anxiété. Elles vous permettent d'apprécier le moment présent à sa plus grande valeur. Et en instillant de la joie dans votre vie, elles contribuent à développer votre estime de soi.

CADEAU N° 86

Réévaluez vos priorités

Êtes-vous en train de faire ce qui vous rend heureux en ce moment ? Ou êtes-vous plutôt en train de remplir vos innombrables obligations pour après, peut-être, s'il reste du temps, et s'il vous reste de l'énergie, faire un tout petit peu de ce qui vous rend heureux ?

Prenez le temps de faire ou de refaire la liste des choses qui vous font vous sentir bien, qui vous rendent heureux. Ensuite, faites la liste des choses que vous faites tous les jours. Est-ce que votre résultat ressemble à la figure de gauche ou celle de droite ?

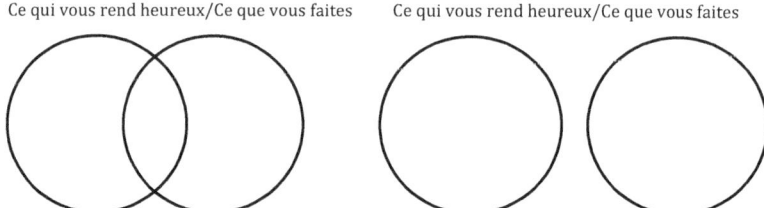

Ce qui vous rend heureux/Ce que vous faites Ce qui vous rend heureux/Ce que vous faites

Si une partie de vos journées est consacrée à faire ce qui vous rend heureux, alors continuez de faire plus de ce qui vous rend heureux. Mais si ce qui vous rend heureux et ce que vous faites chaque jour sont comme deux mondes parallèles qui ne se touchent pas, refaites la liste des choses à faire à partir de maintenant où ce qui vous rend heureux figurera en priorité dans les choses à faire.

Attendre d'avoir le temps ou que ce soit le bon moment pour faire ce qui vous rend heureux vous éloigne constamment de votre bien-être.

Mettre en priorité votre bonheur, c'est aussi faire pour vous chaque jour des choses qui vous rendent heureux. Et ça commence maintenant !

CADEAU N° 87

Finies les plaintes !

Plusieurs personnes aiment raconter leur histoire personnelle dès qu'elles rencontrent une nouvelle personne. Elles racontent combien leur enfance a été difficile, quels drames elles ont vécus, comment les autres ont abusé d'elles, comment elles ont été maltraitées, tout ce qui leur est arrivé de catastrophique, de pénible, de triste, de dramatique.

Chaque fois que nous racontons notre histoire, nous parlons du passé et nous ne sommes pas dans le présent. Chaque fois que nous racontons nos drames, nous nous repositionnons dans le rôle de victime et nous perdons notre pouvoir. Il est temps de réaliser que de raconter nos drames ne nous rend pas intéressants aux yeux des autres. Cela les amène eux aussi à nous voir en victimes, ajoutant ainsi à l'énergie de victime qui nous entoure, par notre propre libre arbitre.

Vous n'êtes pas victimes de votre passé ! Ce passé est révolu et tout ce que vous avez pu y vivre fait partie de votre passé. Bien que le passé ait pu vous façonner, ce sont vos réactions et vos apprentissages à ces événements antérieurs qui ont fait de vous la merveilleuse personne que vous êtes aujourd'hui. N'est-il pas plus intéressant de reprendre votre pouvoir et de faire connaître qui vous êtes maintenant plutôt que ce que vous avez vécu ?

Il vaut mieux raconter votre histoire à un thérapeute, un psychologue, une personne compétente et de confiance pour identifier et guérir vos blessures. C'est dans ce cadre que vous pourrez nommer tout ce que vous avez vécu pour vous en libérer enfin.

Ainsi, en vous confiant aux personnes qualifiées et en arrêtant de raconter votre histoire à n'importe qui, vous vous donnez la permission de guérir enfin, de vous pardonner, de pardonner aux autres, de lâcher prise, de vous aimer et d'avancer.

- Vous pourriez faire l'exercice symbolique d'écrire votre histoire une dernière fois, tout ce que vous avez vécu, puis l'imprimer et, par un rituel d'amour envers vous-même, brûler les feuilles de votre histoire en vous disant :

- Je me donne la permission de guérir de mon passé
- Je me donne la permission de me pardonner
- Je pardonne à ceux qui m'ont blessé
- Je me donne la permission de lâcher prise sur ce qui n'est plus
- Je me donne la permission de m'aimer pour ce que je suis
- Je me donne la permission de passer à autre chose et d'avancer sur le chemin de mon évolution
- Je me libère de tout ce qui entrave mon bonheur actuel et futur.
- Le jour où nous cessons de nous plaindre est celui où nous reprenons le plein pouvoir sur notre vie !

CADEAU N° 88

Guérir du passé

Pour guérir du passé, je vous suggère ici un cadeau très puissant et très libérateur. C'est un cadeau merveilleux à s'offrir quand on est prêt à être heureux ici maintenant !

Choisissez un moment difficile de votre passé où vous vous sentiez seul, vulnérable, désemparé.

Écrivez une lettre de réconfort à ce « vous » du passé, en prenant bien soin de :

- Reconnaître et accueillir la situation et les sentiments que vous éprouviez à ce moment-là, sans les juger

- Identifier et rappeler les apprentissages que vous avez tirés de cette situation et les cadeaux que vous y avez trouvés

- Parler à ce « vous » du passé comme vous parleriez à votre meilleure amie pour la réconforter, sans la juger

- Offrir à ce « vous » du passé des mots de réconforts, d'encouragement, d'amour et de foi en vous et en la Ve.

Si certaines situations vous semblent encore difficiles, vous avez maintenant l'opportunité d'en guérir enfin ! Ne le faites pas nécessairement pour tout ce que vous avez vécu, mais seulement pour ce qui vous semble avoir encore besoin d'amour !

Vous pouvez aussi appliquer ce cadeau pour des situations du présent qui demandent votre attention. Cela vous permettra d'en sortir plus rapidement, avec plus d'amour pour vous-même.

CADEAU N° 89

Offrez-vous ce que vous offrez aux autres

Faire preuve de reconnaissance, envers les autres et envers la Vie, est souvent une source de joie pour la plupart des gens.

Toutefois, nous avons parfois du mal à éprouver de la reconnaissance envers nous-mêmes ! Nous nous donnons sans compter pour les autres, allant parfois jusqu'à l'épuisement et à négliger nos propres besoins. Nous avons souvent l'impression de ne pas en faire assez, et nous craignons de paraître égoïstes si nous disons non. Nous attendons alors cette petite reconnaissance de la part des autres qui ne vient pas souvent, ou que nous ne voyons pas. Nous avons l'impression que ce que nous faisons pour les autres est normal, même si nous nous y épuisons que nous dévalorisons nous-mêmes tout ce que nous offrons sans compter. Nous avons de la reconnaissance en quantité pour les autres mais nous n'en avons pas pour ce que NOUS, nous faisons. Parfois, notre soif de reconnaissance de la part des autres est tellement grande qu'elle nous pousse à toujours en faire plus jusqu'à ce qu'un jour, on n'ait plus envie de rien faire puisque « personne » ne reconnaît ce que nous faisons avec tant d'ardeur pour les autres.

Ce besoin de reconnaissance, nous devons NOUS l'offrir. Nous devons nous remercier pour ce que nous faisons de bon pour nous, pour le temps que nous mettons à faire de meilleurs choix, pour apprendre à nous aimer mieux, pour l'amour que nous nous offrons lorsque nous prenons soin de nous. Nous devons avoir de la gratitude pour nous chaque fois que nous réussissons quelque chose de nouveau, chaque fois que nous nous tenons debout, chaque fois que nous nous respectons. Notre besoin de reconnaissance ne peut être pleinement comblé que par une seule personne : nous !

Écrivez toutes les choses que vous faites, que vous êtes et pour lesquelles vous éprouvez de la gratitude. N'ayez pas peur de manquer d'humilité : ça n'arrivera pas ! Soyez reconnaissant pour tout ce que vous avez accompli dans votre vie depuis votre naissance, pour le chemin parcouru, pour ce que vous êtes aujourd'hui, pour tout ce dont vous êtes fier.

Vous méritez toute cette gratitude et cette reconnaissance : offrez-vous-la ! Offrez-vous ce que vous offrez constamment aux autres : de l'Amour, du temps, des soins, de la gratitude, de l'écoute, de la douceur, de la compréhension.

Écrivez-vous une superbe lettre de remerciement pour tout ce que vous faites, comme vous le feriez pour un ami qui prend bien soin de vous. Et signez cette lettre par : « ta meilleure amie (ou ton meilleur ami) qui t'aime ! »

CADEAU N° 90

Dire merci

Nous avons chaque jour tellement de raisons de dire MERCI à la Vie ! Merci pour toutes les choses simples que nous tenons pour acquises. Être reconnaissants pour tous ces privilèges que nous avons de vivre chaque jour est une merveilleuse façon de vivre plus heureux. Nous pouvons tous adopter les attitudes suivantes :

1. Dire merci en se levant le matin pour cette autre journée merveilleuse qui commence
2. Dire merci pour le soleil qui se lève
3. Dire merci pour notre santé
4. Dire merci pour notre autonomie
5. Dire merci pour nos relations
6. Dire merci pour les gens dans notre vie
7. Dire merci pour la beauté de la nature
8. Dire merci pour les couleurs qui nous entourent
9. Dire merci pour notre capacité à apprécier, à aimer
10. Dire merci pour la beauté du monde
11. Dire merci pour le bonheur de vivre
12. Dire merci pour notre capacité à respirer
13. Dire merci pour les beaux moments de chaque instant
14. Dire merci pour les situations plus difficiles
15. Dire merci pour l'Amour en tout
16. Dire merci pour la Vie
17. Dire merci pour la belle journée vécue

Vous trouverez de nombreuses raisons de dire merci plusieurs fois dans une journée. Ressentez chaque fois la gratitude pour ce que vous vivez, voyez, sentez, goûtez, entendez. Dites-le à voix haute ou dans votre cœur. Partagez-le ou gardez-le pour vous. Plus vous aurez de la gratitude pour tout, plus votre vie sera belle. Dire merci, c'est le contraire de se plaindre et de maugréer ! Et c'est tellement plus attirant !

CADEAU N° 91

Prenez soin de votre corps

Ce cadeau a tout l'air d'une vérité de La Palisse et pourtant, faire de l'exercice chaque jour, bien s'alimenter, boire beaucoup d'eau, méditer et adopter des habitudes de vie saines est inestimable pour l'estime de soi !

Commencez la journée par 20 minutes d'exercices : cette simple action peut faire toute la différence sur le reste de votre journée en termes d'énergie, de confiance en vous, de capacité de concentration, de présence, de moral et de bonne humeur. Faire ses exercices le matin nous donne de l'énergie pour la journée, nous sommes fiers de nous, nous sommes redynamisés. Bien entendu, cela ne nous tente pas toujours ! Mais si vous vous engagez à ne jamais vous trouver d'excuses pour ne pas vous entraîner, si vous inscrivez ce temps pour vous à l'encre indélébile dans votre agenda et si vous vous conditionnez tous les matins à respecter votre horaire, vous verrez que très vite, l'exercice fera partie de votre vie. Tellement que vous ne pourrez plus vous en passer et que même en vacances, vous chercherez des moyens de faire des exercices quand même ! Pour le moral et l'estime de soi, l'exercice physique n'a pas son pareil. Ne vous découragez pas : parfois, les résultats « visibles » prennent des mois à paraître. Mais très vite dès le début, c'est votre énergie qui en bénéficiera le plus.

Mangez sainement : tout le monde le dit ! Ça ne veut pas dire de ne pas se gâter et de faire un petit accroc de temps en temps, mais donnez la plupart du temps à votre corps les aliments qui lui font du bien.

Buvez au moins 2 litres d'eau par jour : vos maux de tête diminueront, votre faim se calmera et votre peau sera plus belle. Vous aurez les idées plus claires et votre énergie sera maintenue tout au long de la journée.

Prenez l'air, allez marcher en nature, respirez à pleins poumons ! Prenez quelques minutes par jour pour vous recentrer et vous rencontrer en méditant, sous quelque forme que ce soit.

Quel rapport avec l'estime de soi ? Tout ! Lorsque l'on se sent bien dans notre corps, lorsqu'on prend soin de nous, notre estime de soi se développe sainement, car nous nous donnons la preuve que nous tenons à nous ! C'est aussi ça, s'aimer !

CADEAU Nº 92

Investissez dans votre développement personnel

Nous investissons quantité d'argent dans nos études et celles de nos enfants, dans notre fonds de retraite, dans notre maison, notre auto, notre habillement, nos loisirs... Mais quand vient le temps d'investir EN NOUS, il semble que nous ne trouvions pas la motivation suffisante !

Quelle ironie, tout de même ! Nous voulons nous aimer davantage et pour ce faire, il est possible que nous ayons besoin d'investir dans des consultations, des conférences, des livres, des ateliers, mais nous n'investissons pas parce que nous ne nous aimons pas assez. Et c'est justement en investissant quelque peu que nous apprendrions à nous aimer ! Un cercle vicieux !

Il n'est pas nécessaire d'investir des sommes astronomiques pour notre développement personnel. Par contre, si nous traînons certaines blessures qui nous empêchent d'être heureux maintenant, pourquoi ne pas aller consulter un spécialiste qui nous aidera à guérir de nos blessures ? Si nous ne savons plus comment faire pour nous débarrasser de traits de caractère ou de peurs qui nous limitent dans notre vie, pourquoi ne pas investir dans des solutions sensées qui nous aideraient à prendre notre envol ?

Il n'y a ni baguette magique ni solution miracle. Mais pour apprendre à s'aimer, pour développer son plein potentiel, pour se donner toutes les possibilités d'être heureux, il faut fournir des efforts, se faire aider au besoin, consulter, suivre des ateliers, participer à des conférences. Il faut ouvrir son esprit et son cœur. Personne n'est en mesure de vous dire combien ça va vous coûter pour être mieux dans votre peau : vous seul déterminez combien de temps cela va vous prendre pour vous libérer de ce qui vous nuit. Mais si vous n'investissez pas parce que « ça n'en vaut pas la peine », vous êtes en train d'affirmer que « vous » ne valez pas la peine d'investir en vous, alors que vous êtes la personne la plus importante de votre vie !

Déterminez ce qui vous nuit le plus en ce moment : vos peurs, vos blessures, votre manque d'affirmation, etc. Qu'avez-vous fait jusqu'à présent pour vous libérer de ces entraves ?

Quels résultats avez-vous obtenus ? Que pouvez-vous faire maintenant pour vous aider ? Quelles ressources selon vous seraient les plus appropriées pour vous permettre d'avancer sur le chemin de votre évolution ? Alors faites les démarches dès maintenant : informez-vous des coûts de l'approche, de la durée, des compétences des personnes qui peuvent vous aider. Prenez des références et faites-vous confiance ! Foncez ! Votre développement personnel est de loin la chose la plus importante dans laquelle vous pouvez investir dans votre vie ! Car vous investissez en VOUS, en votre bonheur, en votre estime de vous-même. Et cela, ça n'a pas de prix !

CADEAU Nº 93

Soyez patient !

Si nous voulons apprendre un nouveau métier, nous devons nous investir au moins 2 ans dans son apprentissage, encore plus dans l'apprentissage d'une seconde ou d'une troisième langue.

Nous avons vécu 20, 30, 40 50 ou 60 ans avec nos difficultés personnelles, avec nos vieux patterns destructeurs, avec notre manque d'estime de nous-mêmes, avec nos blessures... et nous voudrions que lorsque nous consultons, toutes ces difficultés, ces patterns, ces blessures, ce manque d'amour-propre soient réglés en deux ou trois rencontres d'une heure ?

En matière d'apprendre à s'aimer et à guérir de nos blessures, la solution miracle, la baguette magique, le prestidigitateur, ça n'existe pas !

Si nous voulons vraiment sortir de nos vieux patterns, si nous avons assez souffert et désirons plus que tout être bien avec nous-mêmes et apprendre à nous aimer vraiment, nous devons nous accorder **le temps**, l'énergie, l'amour, la compassion et parfois l'investissement en soutien pour y arriver.

Quand on prend du poids pendant 30 ans, on ne le perd pas en 30 jours ! De même, quand on ne s'aime pas depuis 30 ans, on n'apprend pas à s'aimer en 30 jours !

Donnez-vous le temps, donnez-vous les moyens et les ressources, soyez bon pour vous, investissez en vous. Petit à petit, vous verrez les changements s'opérer.

Soyez patient !

Le papillon ne passe pas instantanément de l'état de chenille à celui de papillon : la chenille a besoin d'une phase de transformation. Si l'on tente de sortir le papillon du cocon trop tôt, il ne sera pas assez fort pour survivre. La période de transformation dure le temps nécessaire à la Transformation : ni plus ni moins ! La patience est de mise !

Pour suivre vos progrès, je vous invite à copier et remplir de temps à autre le questionnaire fourni au début de ce livre.

Si vous le complétez régulièrement, il vous permettra de mesurer vos progrès. Gardez des copies de vos progrès. Parfois, lorsque nous sommes en cheminement, nous trouvons que nous ne progressons pas assez vite ! Et pourtant, nous progressons ! Cette auto-évaluation vous aidera à suivre votre cheminement et à ne pas vous décourager en mesurant mieux vos progrès.

Sachez reconnaître chacun des pas que vous faites pour vous aimer davantage, pour vous libérer de vos entraves, pour construire votre bonheur. Datez chacune des copies du questionnaire d'évaluation de votre estime de vous et lorsque vous aurez l'impression de tourner en rond dans votre cheminement ou de ne pas avancer, relisez vos résultats du début : je suis sûre que vous aurez progressé sur bien des aspects en quelques mois ! Lorsque vous constaterez le chemin parcouru, célébrez-vous ! Soulignez votre cheminement et soyez fier de vos efforts. Ayez de la gratitude pour vous-même pour vous aimer suffisamment pour aussi bien prendre soin de vous. Vous êtes sur le bon chemin !

CADEAU N° 94

Ne vous comparez à personne

Se comparer aux autres est l'antidote parfait à une saine estime de soi.

Que les autres réussissent mieux que vous, qu'ils soient plus talentueux, plus riches, plus populaires, cela n'a rien à voir avec vous. Seul ce que VOUS êtes compte ! Les autres ont leur propre chemin de vie et nous ne savons rien de ce qu'ils vivent intérieurement. Se comparer est non seulement inutile, mais préjudiciable, car vous ne connaissez rien de leur histoire personnelle.

Soyez fier d'être différent, soyez reconnaissant pour ce que VOUS vivez et concentrez-vous sur votre vie, votre cheminement, vos marches à gravir et votre estime de vous. Ce que les autres font avec leur vie leur appartient, ce que vous faites avec la vôtre VOUS appartient !

Nous sommes tous différents, uniques. Nous avons tous des chemins différents à suivre. Et pourtant, nous allons tous vers la même destination : nous sommes tous sur Terre pour apprendre à mieux aimer. Chacun emprunte le sentier dont il a besoin. Le vôtre est celui dont VOUS avez besoin.

N'essayez pas de suivre le sentier des autres, ce n'est pas le vôtre. N'essayez pas non plus de convaincre les autres de suivre votre chemin, ce n'est pas le leur !

Nous avons déjà tant à faire avec notre propre cheminement, ne tentons pas de forcer les autres à adopter notre point de vue ou nos choix. Chacun est libre de ses choix. Vous l'êtes aussi.

Rédigez la liste de tous vos accomplissements depuis votre naissance, notez toutes les choses que vous avez réalisées et dont vous êtes fiers. Identifiez ce que vous souhaitez réaliser maintenant et notez le premier pas à faire pour y arriver. Faites-le dès maintenant ! En vous concentrant sur votre route, vous permettrez aux autres de se concentrer sur la leur. C'est ainsi que le monde chemine.

Offrez-vous de l'amour le plus possible, cela donnera le goût aux autres d'en faire autant. C'est ainsi que nous créerons plus d'amour dans ce monde.

CADEAU N° 95

L'esprit est comme un parachute, il fonctionne mieux quand il est ouvert !

Il en est de même pour le cœur !

Nos peurs nous empêchent souvent de nous ouvrir aux autres, aux changements, à la nouveauté, à l'inconnu, à ce qui est différent, à ce qui se trouve hors de notre zone de confort.

Pourtant, il n'y a pas grand-chose de positif dans le fait de vivre dans la peur. L'estime de soi se construit quand on fait face à nos peurs et qu'on garde l'esprit et le cœur ouvert.

Soyez ouverts aux changements : ils sont porteurs d'évolution. Et même s'ils vous rendent inconfortables, ils sont précisément dans votre vie pour vous faire avancer.

Soyez ouvert aux différences : si nous étions tous semblables, le monde serait ennuyant ! Abordez les personnes différentes avec moins de jugement et plus d'intérêt de les connaître vraiment. Engagez une conversation avec eux pour comprendre comment ils pensent, qui ils sont. Vous verrez, c'est fascinant ! Et puis, le goût vous viendra peut-être d'essayer vous aussi de faire certaines choses comme eux, juste pour voir !

Soyez ouvert à la nouveauté. C'est dans la transformation que les plus beaux papillons se créent. Les nouveautés impliquent de garder notre cerveau actif pour l'apprentissage de ce qu'il ne connaît pas encore. C'est ainsi que nous nous gardons jeunes d'esprit.

Soyez ouverts aux autres en général. En ne jugeant plus, vous laissez la place à l'Amour, le vrai, l'inconditionnel. Plutôt que de vous faire peur, l'autre devient une personne de plus à aimer. Ce n'est pas toujours facile, mais notre cœur s'agrandit chaque fois que nous laissons tomber le jugement pour l'Amour.

Soyez ouvert à ce que vous êtes. Parfois, nous sommes les pires juges envers nous-mêmes, nous demandant la perfection et nous tapant dessus quand nous ne l'atteignons pas. Soyez ouvert à vos erreurs, à vos égarements, à vos hésitations, à vos peurs même !

Chacune de ces choses vous permet de mieux vous connaître, d'identifier sur quoi travailler et d'apprendre à mieux vous aimer.

Soyez ouvert à l'Amour ! Malgré ce que les gens disent, beaucoup ont peur de l'amour, croyant ne pas mériter d'être aimés, ou entretenant la peur de perdre l'amour dès qu'ils l'auront trouvé ! Si vous vous aimez, profondément, et entièrement, vous n'aurez plus peur de l'amour ni de perdre l'amour, car l'amour se trouve en vous pour toujours.

CADEAU N° 96

La vie a le sens de l'humour !

La Vie a un grand sens de l'humour : sous des emballages parfois douteux se cachent les plus beaux cadeaux qui soient.

Nous travaillons pendant des mois sur un projet qui, au final, n'aboutit pas ; mais alors que nous sommes occupés à digérer notre déception, surgit tout à coup un autre projet, cent fois mieux que le précédent. Nous comprenons alors qu'il valait mieux que le premier projet ne fonctionne pas pour laisser de la place au nouveau.

Nous pensons avoir trouvé la bonne personne pour nous puis soudain cette histoire se termine ; pendant que nous pleurons notre peine, la Vie, par une de ses incroyables synchronicités, nous envoie LA bonne personne, celle avec qui nous comprenons enfin pourquoi les autres relations n'ont pas fonctionné.

Certaines personnes refusent d'apprendre une leçon fondamentale pour eux et puis tout à coup la Vie les amène dans un concours de circonstances incroyables où leur seul choix reste de l'apprendre finalement cette leçon.

Toutes les synchronicités de la Vie, toutes ces petites et grandes « coïncidences » sont des signes indéniables que la Vie a le sens de l'humour.

Dans notre apprentissage du Bonheur et de l'estime de soi, il faut aussi apprendre à avoir du plaisir et à rire.

Pouvez-vous trouver dans votre vie des événements dont vous ne compreniez pas le sens à l'époque, qui vous ont déçu, qui vous ont fait de la peine, mais pour lesquels, avec le recul, vous comprenez mieux maintenant pourquoi les choses se sont passées ainsi, parce que quelque chose de mieux vous attendait ? Essayez d'en trouver au moins 5 ou plus si vous pouvez. En faisant cette réflexion, vous constaterez que les choses ne sont pas toujours aussi dramatiques qu'elles le paraissent à première vue et qu'avec le recul, vous pouvez dire que finalement, c'était vraiment pour le mieux !

Pensez aussi aux situations de votre passé qui étaient terribles à l'époque mais que vous racontez aujourd'hui en riant : un faux pas, une maladresse, un imbroglio... Quand vous avez vécu ces choses-là, il se peut qu'elles vous semblaient être des catastrophes à ce moment-là, surtout si votre orgueil ou votre ego a été blessé. Mais aujourd'hui vous pouvez en rire. Quelles sont les choses de votre vie d'aujourd'hui qui vous irritent mais que vous raconterez peut-être en riant dans 5 ou 10 ans ?

Tout est relatif ! Et le temps nous fait relativiser la gravité de bien des choses ! Dédramatisez ce qui peut l'être et essayez d'en rire aujourd'hui. Ça fait partie du chemin vers l'estime de soi. La Vie a le sens de l'humour, c'est nous qui nous prenons trop au sérieux !

CADEAU N° 97

Cultivez vos passions

Qu'est-ce que vous aimiez beaucoup faire étant plus jeune ? Dessiner, raconter des histoires, lire, chanter, danser, écrire, peindre, créer, bouger, jouer, faire de l'équitation, de l'astronomie, de l'ornithologie, du jardinage, de la photo, voyager ? Quelles sont ces passions de votre jeunesse que vous cultivez encore à l'heure actuelle ? Lesquelles avez-vous abandonnées ? Pourquoi ? Par manque de temps ? Notez vos réponses.

Vous êtes responsable, fiable, organisé, structuré, dédié, dévoué depuis tant d'années : n'est-il pas temps de renouer avec les passions que vous portez en vous depuis toujours ? Vous attendez d'avoir quel âge pour vous donner la permission de revenir à ces passions ou d'en découvrir de nouvelles ? Votre retraite ? Que les enfants soient partis de la maison ? D'avoir le temps ?

La Vie se vit maintenant, pas dans le futur. Personne d'entre nous ne sait de quoi demain sera fait ! Personne n'est assuré d'être encore en vie demain, la semaine prochaine, l'an prochain. S'il ne vous restait que quelques mois à vivre, que regretteriez-vous de ne pas avoir fait ? Alors, qu'attendez-vous pour le faire maintenant ?

Vivez votre vie comme si c'était vos derniers jours : profitez de chaque moment présent, faites ce que vous aimez, découvrez de nouvelles passions, consacrez-leur votre temps, plutôt que d'écouter la télé ou de flâner sur le net. Faites de votre vie votre plus beau témoignage en la vivant intensément, en goûtant à tous les plats du buffet plutôt que de vous contenter du même repas jour après jour.

La Vie est faite d'abondance, mais nous n'osons pas en profiter. Pourtant, c'est là pour nous ! Parmi les passions que vous avez notées au premier paragraphe, laquelle avez-vous le goût de retrouver en ce moment, laquelle vous attire le plus ? N'attendez pas qu'il soit trop tard pour réaliser vos rêves, pour assouvir vos passions.

Demain, il sera peut-être trop tard. Faites-le maintenant !

CADEAU N° 98

Apprenez à résoudre vos problèmes

Parfois, nous aimerions tellement qu'un magicien vienne régler tous les petits et grands problèmes de notre vie d'un coup de baguette magique ! Vous savez, toutes ces petites choses irritantes de la vie quotidienne, les choses qui brisent, les menus travaux dans la maison, les documents à remplir, les relations à clarifier, les paroles importantes à dire, les limites à mettre...

Parfois, nous laissons les choses aller, nous trouvant toutes sortes d'excuses pour ne pas nous en occuper maintenant, espérant sans doute, par une forme de pensée magique, que le temps fera le travail à notre place. Puis un jour, nous nous retrouvons avec tellement de choses à faire et à régler que nous nous sentons écrasés sous le poids de ces petites et grandes responsabilités, nous nous tapons sur la tête de ne pas nous en être occupés avant, nous sommes découragés devant l'ampleur de la tâche... et notre estime de nous en prend un coup. Nous entretenons alors un discours intérieur négatif à notre égard et à l'égard de la Vie et des autres, ce qui ne nous aide en rien.

Un jour, débordée devant une telle situation, et surtout découragée de voir tout ce qui allait de travers dans ma vie, je me suis assise et j'ai fait la liste de tout ce qui allait mal. Puis à côté de chaque chose, j'ai essayé de trouver ce qu'il fallait faire pour régler la situation. Pour les choses que je ne pouvais pas régler, j'ai cherché qui pouvait m'aider. Et j'ai ensuite priorisé chaque élément de ma longue liste en mettant des dates pour chacun, de manière à commencer et à finir de régler tous mes problèmes. Et toute la liste a été réglée en beaucoup moins de temps et de peine que je ne l'aurais cru !

Le fait de déposer sur papier ce qui nous semble si lourd et d'y trouver une solution, souvent très simple mais trop longtemps reportée, nous permet de dédramatiser la situation. Alors que l'instant d'avant, nous pouvons avoir l'impression que notre vie n'est qu'un immense capharnaüm, une fois cette liste rédigée avec les solutions possibles et les échéances, nous nous sentons libérés d'un poids énorme et nous avons le goût de passer enfin à l'action, une chose à la fois... et de cocher notre liste avec bonheur chaque fois qu'une chose est réglée.

Déballer ce cadeau peut changer votre vie !

Essayez, vous verrez ! Ce n'est jamais si pire que ce que notre ego, ce grand dramaturge, essaie de vous faire croire ! Régler vos problèmes rehausse votre estime de vous, car vous serez fiers de régler vous-même la majorité de ce qui vous pesait si lourd. Et puis, cela vous donnera le goût de ne plus laisser traîner les choses qui vous irritent et de les régler au fur et à mesure, évitant d'alourdir inutilement votre quotidien.

En prime, vous retrouverez l'énergie pour vous consacrer à ce que vous aimez vraiment faire !

CADEAU N° 99

Trouvez le cadeau

Un jour, mon fils aîné Olivier m'invita à souper pour me remercier. Je croyais qu'il avait quelque chose à me demander, mais non ! Il voulait vraiment me remercier de lui avoir enseigné la recette du bonheur ! « Aujourd'hui, maman, si je suis heureux, c'est grâce à ce que tu m'as enseigné quand j'étais petit. » J'avais cru à tort qu'il n'avait pas retenu l'apprentissage mais au contraire, il était en train de me dire que ces trois petits mots que je lui répétais souvent étaient devenus la clé principale de son bonheur : **trouve le cadeau** ! « Dans chaque situation difficile que je vis, maman, je pense toujours à ce que tu me disais : "Trouve le cadeau, Oli !" et j'y arrive toujours ! Et chaque fois, je te suis reconnaissant de m'avoir enseigné ce secret bien gardé ! » Nul besoin de vous dire que ce fut une soirée riche en émotions ! J'éprouvais tant de gratitude pour son ouverture de cœur et lui m'était reconnaissant de cette leçon inestimable.

Trouver le cadeau implique de croire profondément que tout a un sens dans la vie. Trouver le cadeau quand la situation est pénible, c'est trouver la lueur d'espoir à laquelle se rattache la leçon dans cette situation. Tout nous est envoyé pour notre plus grand bien. Dès que nous trouvons le cadeau dans une situation donnée, nous cessons de souffrir et nous éprouvons de la reconnaissance envers la vie pour cet envoi si généreux !

Il y a un trésor caché dans toute situation. Nous ne le voyons pas toujours sur-le-champ : parfois, nous avons besoin de décanter un peu pour laisser les émotions redescendre et pour faciliter l'ouverture du cœur.

Souvent, notre ego refuse de voir le cadeau, lui qui préfère de loin se comporter en victime et ne trouver que le négatif dans ce que nous vivons. Pourtant, les choses ne nous arrivent pas À nous mais bien POUR nous. La Vie, ce n'est pas quelque chose qui nous arrive, c'est quelque chose qui nous répond !

Trouvez le cadeau dans toute situation particulière. Vous allégerez votre vie et vous apprendrez plus rapidement ce que la Vie cherche à vous enseigner.

Moins vous résisterez, plus vite vous découvrirez le cadeau. Plus lourd le fardeau que vous vivez, plus gros le cadeau que vous trouverez !

Ne vous découragez jamais : il y a toujours un cadeau caché quelque part !

CADEAU Nº 100

Vous êtes la personne
la plus importante de votre vie

Celui-ci, c'est VOTRE cadeau ! **De vous à vous !**

VOUS ÊTES LA PERSONNE LA PLUS IMPORTANTE DE VOTRE VIE !

Vous êtes responsable de votre bonheur, de votre état d'esprit, de vos choix, de vos émotions, de vos décisions, de votre vie. Personne d'autre ne peut assumer votre vie à votre place.

Ce n'est pas de l'égoïsme. Vous n'arrêterez pas de donner aux autres, de penser aux autres, d'aider les autres si vous vous aimez ! Mais vous vous donnerez aussi à VOUS, vous penserez aussi à VOUS et vous VOUS aiderez d'abord. Ce faisant, vous serez encore plus en mesure d'aimer les autres. Parce que vous les aimerez sans attente, sans jugements, sans envie : lorsque vous vous donnerez ce dont vous avez besoin, vous serez rempli d'amour pour les autres et vous donnerez gratuitement en aimant inconditionnellement.

Nous ne sommes pas faits pour ne penser qu'à nous. Mais nous ne sommes pas faits non plus pour ne penser qu'aux autres. Si notre mission sur terre est d'apprendre à aimer mieux, et que tout ce que nous vivons ne vise qu'à nous apprendre à aimer mieux, alors en vous aimant d'abord, vous apprenez déjà à aimer mieux. Vous, et les autres.

Accordez-vous de l'importance. Pas par orgueil. Par Amour. Regardez-vous dans le miroir et dites-vous que vous vous aimez. Apprenez à reconnaître tout ce que vous êtes, tout ce que vous faites, admirez les qualités et les forces que vous avez développées au cours de votre vie. Il ne s'agit pas d'en faire étalage aux autres ; ça, ce serait encore quêter de l'amour !

Il s'agit de les apprécier dans votre cœur, d'être fier de vous dans votre cœur, de vous aimer ici, maintenant, sans condition. Pas quand vous aurez perdu du poids, que vous aurez réglé ce défaut ou que vous aurez arrêté de fumer ! Apprenez à vous aimer MAINTENANT. Aujourd'hui ! Tout de suite, comme vous êtes, avec vos parfaites imperfections.

La Vie vous aime sans condition. À votre tour de vous aimer sans condition !

C'est à votre tour de vous dire : « À moi, de moi ! »

CADEAU N° 101

Cadeaux bonis !

Voici en boni pêle-mêle d'autres cadeaux que vous pouvez apprendre à vous offrir !

- Acceptez les compliments de bonne grâce. Ne les minimisez pas.
- Soyez fier de vous.
- Vos besoins personnels sont les plus importants.
- Croyez que la Vie sait mieux que vous ce dont vous avez besoin
- Ne blâmez pas les autres
- Accueillez ce qui se présente à vous
- Assumez-vous pleinement, dans le succès comme dans la défaite
- Soyez honnête envers vous-même
- Développez vos habiletés
- Apprenez à vous intéresser vraiment aux autres
- Acceptez votre vulnérabilité
- Apprivoisez vos peurs, une à la fois, petit à petit
- Persévérez, même quand c'est difficile, mais ne vous entêtez pas
- Offrez-vous des fleurs ! Célébrez-vous !
- Concentrez-vous sur vos points forts et vos réussites.
- Considérez chacun comme votre égal.
- Acceptez d'avoir tort avec sérénité.
- Faites plus de ce que vous aimez.
- Acceptez-vous sans condition dès aujourd'hui.
- Soyez prêts à vous investir dans vos désirs, vos rêves, vos aspirations, vos passions.

- Acceptez que vous ne puissiez pas plaire à tous ni être aimés de tous.

- Sachez vous adapter aux situations de votre vie.

- Souriez ! À vous, aux autres, à la vie !

- Trouvez la beauté en vous ! Tout le monde porte la beauté en soi, vous aussi !

- Fixez-vous des objectifs réalistes et stimulants qui vous rapprochent de vos rêves

- Ayez une vision juste des autres, ni négative, ni trop idéalisée.

- Chassez tout mauvais sentiment que vous éprouvez envers les autres.

- Défendez vos intérêts.

- Fiez-vous le plus possible à vous-même.

- Dites et pensez du bien des autres.

- Ne vous laissez plus jamais tomber !

- Continuez de déballer vos cadeaux chaque jour !

APPRENEZ À VOUS AIMER, UN JOUR À LA FOIS !

REFAITES MAINTENANT LE TEST D'ÉVALUATION DE VOTRE ESTIME DE SOI auquel vous avez répondu au début de la lecture de ce livre et comparez vos résultats : identifiez les zones où vous avez encore besoin de mieux vous aimer.

Pour chacun des énoncés, indiquez dans la case de droite, le chiffre correspondant à votre réponse :

1 = Jamais, ou très inconfortable
2 = Rarement ou inconfortable
3 = Parfois ou ça dépend des situations
4 = Souvent ou plutôt confortable
5 = Toujours ou très à l'aise

Nº	Affirmation	Votre note
1.	Je suis capable de dire non	
2.	Je suis capable de mettre mes limites	
3.	J'aime prendre du temps juste pour moi sans me sentir coupable	
4.	J'aime essayer de nouvelles choses	
5.	J'ai confiance en moi	
6.	Je sais que je suis une personne de valeur	
7.	J'ai plusieurs belles qualités	
8.	Je suis souvent fier de moi	
9.	J'ai une attitude positive vis-à-vis moi-même	
10.	Je suis capable de me débrouiller seul dans la plupart des cas	
11.	Les autres me respectent	
12.	Je me respecte	
13.	Je respecte mes limites	
14.	J'accepte et j'aime mon corps	
15.	Je suis fier de ce que j'ai accompli	
16.	Je suis capable de me regarder dans le miroir et de me dire que je m'aime	
17.	Je suis à l'aise de prendre des décisions par moi-même	
18.	Je me sens apprécié par les autres autant que je le souhaite	
19.	Je sais ce que je vaux et je suis capable de défendre ma valeur	
20.	Je suis capable de relever des défis	
21.	Je me relève assez facilement si je rencontre des difficultés	
22.	Je vis surtout dans le moment présent	
23.	Ma vie sentimentale actuelle me satisfait	
24.	Ma vie professionnelle actuelle me satisfait	
25.	Je fais confiance à la Vie	
26.	J'accepte de ne pas être parfait	
27.	Je suis capable de rire de mes petits travers	

Nº	Affirmation	Votre note
28.	Je suis à l'aise avec le fait d'avoir tort parfois	
29.	Je fais confiance aux autres	
30.	Je suis à l'aise dans la majorité des situations courantes	
31.	Je suis à l'aise avec le fait que certaines personnes ne m'aiment pas autant que d'autres	
32.	J'accepte de me tromper	
33.	Je reconnais mes erreurs sans me sentir trop coupable	
34.	Je fais face à la réalité, aux difficultés, aux problèmes	
35.	Je trouve du temps pour faire ce que j'aime	
36.	Je suis capable de pardonner aux autres	
37.	Je suis capable de me pardonner	
38.	J'assume facilement mes choix	
39.	Je vois les erreurs et les échecs comme des expériences	
40.	J'accueille la critique de manière positive	
41.	De manière générale, je suis plutôt satisfait de ma vie	
42.	Je me fais confiance la majorité du temps	
43.	J'accueille les différences des autres avec ouverture la plupart du temps	
44.	Je suis à l'aise avec le fait d'être en colère lorsque nécessaire	
45.	Je suis capable d'énumérer au moins 20 de mes qualités	
46.	J'assume ce que j'ai à faire et à régler	
47.	Je fais face aux conflits avec maturité	
48.	Je cherche souvent des solutions plutôt que de blâmer les autres	
49.	Je suis à l'écoute de mon cœur et de mon intuition	
50.	Je trouve que j'ai une belle vie	
	Additionnez vos réponses	
	Multipliez par 2 et divisez par 5	X 2 /5
	Pourcentage actuel de votre estime de soi	
	Résultat de votre évaluation précédente en date du :	
	Nombre de points de variation par rapport à l'évaluation précédente (indiquez + ou -)	

Date : _____

- Quels sont les points où vous vous êtes amélioré ?

- Sur lesquels avez-vous encore besoin de vous aimer davantage?

- Est-ce que votre estime de soi s'est améliorée en général ?

Je serai très heureuse de lire vos commentaires sur l'évolution de votre estime de soi ! Je vous invite à m'écrire à :

diane@dianegagnon.com

REMERCIEMENTS

Merci à la Vie, qui m'enseigne constamment comment mieux aimer, parfois de manière douloureuse (surtout quand je résiste !), souvent dans la fluidité. Rien n'est inutile. On apprend chaque jour à devenir une meilleure personne !

Merci à vous tous, mes lecteurs et lectrices de mon premier livre « Apprendre à s'aimer, un jour à la fois ». Vos commentaires très généreux et votre enthousiasme incroyable à en parler, à partager et à promouvoir ce premier bouquin sur toutes les tribunes lui ont donné des ailes d'une large envergure pour aller diffuser l'Amour et l'estime de soi partout dans le monde. Je suis pleine de gratitude pour chacun et chacune d'entre vous.

Un immense merci aux lecteurs et lectrices de la première heure de ma page Facebook:

(www.facebook.com/DianeGagnon.Auteur.Coach)

Votre fidélité quotidienne et tous nos échanges nourrissent mon cœur et mon inspiration. Vous faites partie de mon quotidien et je vous en serai toujours reconnaissante.

Merci à mes clients : je suis une coach comblée quand je vois l'étincelle se rallumer dans vos yeux ! Merci de croire en vous et d'apprendre à vous aimer mieux !

Et surtout, merci à mes amours : Olivier et Samuel, mes fils, François mon amoureux, et la belle Raphaëlle ! Merci à toutes mes amies et tous mes amis, pour tout le bien que vous me faites, merci à mes sœurs et mon frère, merci à vous tous avec qui je chemine chaque jour.

Si vous saviez combien je vous aime tous !

LISTE DES CADEAUX

Page

À MOI DE MOI

DIANE GAGNON